suhrkamp taschenbuch
wissenschaft 1536

Béla Balázs gehört zu den »Klassikern« der filmästhetischen Theorie, in einer Reihe mit Eisenstein, Pudowkin, Arnheim und Kracauer. Sein frühestes Filmbuch, *Der sichtbare Mensch* von 1924, ist die erste wirklich folgenreiche Filmtheorie, in der die Quintessenz von drei Jahrzehnten künstlerischer Entwicklung des neuen Mediums gezogen wird: vom Anspruch her eine Kunstphilosophie mit der Absicht, der legitimen Kunst des Volkes zu ihrem Recht zu verhelfen, inhaltlich eine Filmdramaturgie, die die ästhetischen Probleme des Films systematisch angeht, methodisch eine empirische Arbeit als Ergebnis von eineinhalb Jahren intensivster Filmkritiker-Tätigkeit in Wien und stilistisch die Filmtheorie eines Dichters, der immer wieder treffende Sprachbilder findet und dessen Begeisterung für das Kino sich auch heute noch unvermittelt auf den Leser überträgt.

Béla Balázs, geboren 1884 in Szeged/Ungarn,war als Dramatiker, Lyriker und Essayist, Drehbuchautor, Filmkritiker und -theoretiker tätig. Weitere filmtheoretische Bücher: *Der Geist des Films* (1930; stw 1537), *Iskusstwo Kino* (*Filmkunst*, 1945), *Filmkultúra* (1948, deutsch: *Der Film*, 1949).

Béla Balázs
Der sichtbare Mensch oder die Kultur des Films

Mit einem Nachwort von Helmut H. Diederichs und zeitgenössischen Rezensionen von Robert Musil, Andor Kraszna-Krausz, Siegfried Kracauer und Erich Kästner

Suhrkamp

Die Erstausgabe von *Der sichtbare Mensch* erschien 1924
im Deutsch-Österreichischen Verlag

7. Auflage 2025

Erste Auflage 2001
suhrkamp taschenbuch wissenschaft 1536

Umschlag nach Entwürfen
von Willy Fleckhaus und Rolf Staudt
Satz: Typoforum GmbH, Nassau
Druck: Libri Plureos GmbH, Hamburg
Printed in Germany
ISBN 978-3-518-29136-8

Suhrkamp Verlag GmbH
Torstraße 44, 10119 Berlin
info@suhrkamp.de
www.suhrkamp.de

Inhalt

Der sichtbare Mensch
oder die Kultur des Films

Vorrede in drei Ansprachen

I. Wir bitten um Einlaß!

Es scheint wohl angebracht, mein Büchlein nach altem Brauch mit einer Bitte um Gehör einzuleiten. Denn euer Aufhorchen ist nicht nur Vorbedingung, sondern das eigentliche, erhoffte, letzte Ziel meines unbescheidenen Unterfangens. Nicht mich anhören, sondern die Sache erhören sollt ihr; wie man ein Ding er-schafft, er-baut, so sollt ihr sie er-hören.

Denn was ich euch vorläufig sagen kann, ist nicht sehr viel. Doch habt ihr einmal euer Ohr diesen Dingen geliehen, habt ihr überhaupt bemerkt, daß hier etwas zu bemerken ist, dann werden noch andere kommen und euch mehr berichten. Aber unter Tauben wird man stumm.

Darum fange ich diesen Versuch einer *Kunstphilosophie des Films* mit einer Bitte an die gelehrten Hüter der Ästhetik und Kunstwissenschaft an und sage: vor den Toren eurer hohen Akademie steht seit Jahr und Tag eine neue Kunst und bittet um Einlaß. Die Filmkunst bittet um eine Vertretung, um Sitz und Wort in eurer Mitte. Sie wünscht von euch endlich einer theoretischen Betrachtung gewürdigt zu werden, und ihr sollt ihr ein Kapitel widmen in jenen großen ästhetischen Systemen, in denen von den geschnitzten Tischbeinen bis zur Haarflechtkunst so vieles besprochen und der Film gar nicht erwähnt wird. Wie der entrechtete und verachtete Pöbel vor einem hohen Herrenhaus steht der Film vor eurem ästhetischen Parlament und fordert Einlaß in die heiligen Hallen der Theorie.

Und ich will ein Wort für ihn sprechen, denn ich weiß, daß die Theorie gar nicht grau ist, sondern für jede Kunst die weiten Perspektiven der *Freiheit* bedeutet. Sie ist die Landkarte für den Wanderer der Kunst, die alle Wege und Möglichkeiten zeigt, und was zwingende Notwendigkeit zu sein schien, als einen zufälligen Weg unter hundert anderen entlarvt. Die Theorie ist es, die den Mut zu Kolumbusfahrten gibt und jeden Schritt zu einem Akt freier Wahl macht.

Warum das Mißtrauen gegen die Theorie? Sie muß gar nicht stimmen, um große Werke zu inspirieren. Fast alle großen Entdeckungen der Menschheit gingen von einer falschen Hypothese aus. Auch ist eine Theorie sehr leicht zu beseitigen, wenn sie nicht mehr funktioniert. Aber die »praktischen Erfahrungen« des Zufalls verrammen wie schwere, undurchsichtige Wände den Weg. Noch nie ist eine Kunst groß geworden ohne Theorie.

Damit will ich nicht gesagt haben, daß der Künstler unbedingt »gelehrt« sein muß, und kenne auch die allgemeine (allzu allgemeine!) Ansicht vom Werte des »unbewußten Schaffens«. Doch kommt es darauf an, auf welchem Bewußtseinsniveau des Geistes einer »unbewußt« schafft. Denn die unbewußten Kompositionen eines Naturalisten fallen anders aus, als die geradeso unbewußten Schöpfungen eines Musikers, der Kontrapunkt studiert hat.

Doch von dem Wert der Theorie brauche ich wohl die gelehrten Herren, an die ich mich jetzt wende, am wenigsten zu überzeugen. Eher davon, daß *der Film* einer Kunsttheorie würdig ist.

Aber gibt es denn Dinge, die einer Theorie nicht würdig sind? Ist es denn nicht die Theorie, die den Dingen erst die Würde verleiht, die Würde der Bedeutsamkeit, die Würde: Träger eines Sinnes zu sein? Und ihr werdet euch doch nicht einreden, daß diese Sinngebung ein großmütiges Geschenk von eurer Seite ist? Die Sinngebung ist unsere Selbstwehr gegen das Chaos. Wenn ein elementares Sein so gewaltig wird, daß wir es nicht mehr hindern noch ändern können, dann beeilen wir uns, in ihm einen Sinn zu erkennen, damit es uns nicht verschlingt. Die theoretische Erkenntnis ist der Kork, der uns über Wasser hält.

Nun, ihr Herren von der Philosophie, wir müssen uns beeilen, denn es ist höchste Zeit. Der Film ist eine Tatsache, eine so allgemeine, sozial und psychisch so tiefwirkende Tatsache geworden, daß wir, gerne oder nicht, uns mit ihr auseinandersetzen müssen. Denn der Film ist *die Volkskunst* unseres Jahrhunderts. Nicht in dem Sinn, leider, daß sie aus dem Volksgeist entsteht, sondern daß der Volksgeist aus ihr entsteht. Freilich wird eines durch das andere bedingt, denn es kann sich nichts im Volke verbreiten, was dieses nicht von vornherein haben will. Und da mögen die Ästheten ihre feinen Nasen rümpfen, wir können daran nichts ändern. Die Phantasie und das Gefühlsleben des Volkes wird im Kino befruchtet und gestaltet. Ob das ein Glück oder Unglück ist, darüber zu reden ist eitel. Denn in Wien allein spielen allabendlich fast 200, sage *zweihundert* Kinos mit durchschnittlich 450 Plätzen. Sie geben drei bis vier Vorstellungen pro Tag. Das macht, mit dreiviertelvollen Häusern gerechnet, täglich fast

300 000 (*dreihunderttausend!*) Menschen in einer nicht sehr großen Stadt.

Hat je eine Kunst so eine Verbreitung gehabt? Hat überhaupt irgendeine geistige Äußerung (ausgenommen vielleicht die religiöse) je so ein Publikum gehabt? Der Film hat in der Phantasie und im Gefühlsleben der städtischen Bevölkerung die Rolle übernommen, die früher einmal Mythen, Legenden und Volksmärchen gespielt haben. Bitte, keine wehmütigen ästhetischen und moralischen Vergleiche zu ziehen! Wir kommen noch darauf zu sprechen. Vorderhand haben wir das als eine soziale Tatsache zu betrachten und uns zu sagen, daß geradeso, wie Volkslied und Volksmärchen (im übrigen auch nicht von jeher der Beachtung würdig gefunden) Gegenstand der folkloristischen Wissenschaft und Probleme der Kulturgeschichte sind, man von nun an nie mehr eine Kulturgeschichte oder Völkerpsychologie wird schreiben dürfen, ohne ein großes Kapitel dem Film zu widmen. Und wer von euch diese Tatsache als eine große Gefahr ansieht, der hat erst recht die Pflicht, mit ernster theoretischer Kontrolle beizuspringen. Denn hier geht es nicht um eine intime Angelegenheit literarischer Salons, sondern um Volksgesundheit!

Nun, möge die Kulturgeschichte sich – so höre ich euch sagen – mit dem Film befassen, ein Problem der Ästhetik und Kunstphilosophie ist er nicht. Wahrlich, die Ästhetik gehört zu den hochmütig-aristokratischesten Wissenschaften, denn sie ist eine der ältesten und stammt noch aus der Zeit, da mit jeder Frage die letzte Frage nach Sinn und Sein gemeint wurde. Darum hat sich auch die Ästhetik die Welt immer ganz aufgeteilt und findet für Neuerscheinungen sehr schwer Platz. Es gibt keine so exklusive Gesellschaft wie die der Musen. Und nicht mit Unrecht. Denn jede Kunst bedeutet ein eigenes Verhältnis des Menschen zur Welt, eine eigene Dimension der Seele. Solange der Künstler in diesen Dimensionen bleibt, können seine Werke nie dagewesen, neu sein, seine Kunst ist es nicht. Wir können mit Teleskop und Mikroskop tausend neue Dinge entdecken, es wird doch immer nur das Gebiet des Gesichtssinns sein, das erweitert wurde. Doch eine neue Kunst wäre wie ein neues Sinnesorgan. Und diese vermehren sich auch nicht allzu häufig. Und dennoch sage ich euch: der Film ist eine neue Kunst und so verschieden von allen anderen wie Musik von der Malerei und diese von der Literatur. Sie ist eine von Grund aus neue Offenbarung des Menschen. Dies zu beweisen, will ich versuchen.

Sie mag auch neu sein, sagt ihr, aber eine Kunst ist sie doch nicht, weil sie, von Anfang an industrialisiert, keine bedingungslose und spontane Äußerung des Geistes sein kann. Nicht die Seele, sagt ihr, sondern das Geschäftsinteresse und die Maschinentechnik müssen dabei entscheiden.

Nun, es ist noch nicht ausgemacht, daß Industrie und Technik unbedingt und für immer etwas Menschen-, also Kunstfremdes sein müssen. Hier möchte ich aber darauf noch nicht eingehen, sondern nur fragen: *Woher wißt ihr, daß ein Film unkünstlerisch ist?* Um das beurteilen zu können, müßt ihr doch einen bestimmten Begriff vom künstlerischen, vom guten Film haben. Ich fürchte, daß ihr die Güte der Filme an einer falschen Norm messet und die Maßstäbe anderer, ihnen wesensfremder Künste an sie legt. Der Aeroplan ist kein schlechtes Auto, weil er auf der Landstraße nicht gut zu gebrauchen ist. Und auch der Film hat andere, eigene Wege.

Aber wenn auch jeder Film, der bis jetzt gemacht wurde, schlecht und unkünstlerisch wäre, ist es nicht gerade die Aufgabe von euch Theoretikern, seine *prinzipiellen Möglichkeiten* zu erforschen? Diese wären wahrscheinlich des Wissens wert, auch wenn nie eine Hoffnung für ihre Realisierung bestände. Die gute, die schöpferische Theorie ist keine Erfahrungswissenschaft und wäre vollkommen überflüssig, wenn sie warten müßte, bis die Kunst in allem vollendet schon vorhanden ist. Die Theorie ist, wenn auch nicht das Steuerruder, doch zumindest der Kompaß einer Kunstentwicklung. Und erst wenn ihr euch einen Begriff von der guten Richtung gemacht habt, dürft ihr von Verirrungen reden. Diesen Begriff: die Theorie des Films, müßt ihr euch eben machen.

II. An die Regisseure und alle anderen Freunde vom Fach

Ihr schafft den Sinn, ihr braucht ihn nicht zu verstehen. Ihr müßt es in den Fingerspitzen haben, nicht im Kopf. Und dennoch, Freunde, es gehört zur Würde eines jeden Berufes, daß er seine Theorie hat. Denn mit der Praxis ist es so wie mit der Kunst des

Wunderdoktors. Er kennt keine Theorie, die Erfahrung diktiert ihm seine Rezepte, und er kuriert oft besser als der gelehrte Arzt. *Aber doch nur Fälle, die ihm schon untergekommen sind.* Neuen Problemen steht er ratlos gegenüber. Denn Erfahrung kann sich naturgemäß nur darauf beziehen, was schon dagewesen ist, und er hat keine Methode, das Neue zu erforschen. Zum Experimentieren ist aber der Film ein zu teures Ding. Auch in der Technik wird nie aufs Geratewohl darauf losexperimentiert. Erst steckt die Theorie bestimmte Ziele und rechnet alle Möglichkeiten aus, und nur die Wege werden im Experiment ausgeprobt.

Ihr wißt es am besten, daß in der jungen Kunst des Films jeder Tag neue Probleme bringt, wobei euch keine alte Erfahrung zu raten weiß. In diesen Fällen muß sich wohl auch der Regisseur der Prinzipien, die er unbewußt angewendet hat, einmal bewußt werden, damit sie ihm zur handlichen Methode werden.

Auch wird euch eure genial-unbewußte Intuition wenig nützen, wenn ihr ganz neue Dinge schaffen wollt. Denn dem »unbewußt« arbeitenden Regisseur steht meist ein höchst bewußt rechnender Generaldirektor der Firma gegenüber, dem er die Brauchbarkeit seiner neuen Idee nicht erst mit dem fertigen Werk praktisch beweisen kann. Denn er kommt gar nicht dazu, den Film zu machen, wenn er nicht die Möglichkeit hat, jenen Geschäftsleiter von vornherein, also theoretisch, zu überzeugen und zu beruhigen.

Und überhaupt: ihr liebt doch die Materie, mit der ihr arbeitet. Ihr denkt an sie, wenn ihr sie auch nicht gerade unter der Hand habt, und wollt mit ihr im Gedanken spielen. Dieser spielende Gedanke ist aber schon Theorie. (Nur das Wort klingt so häßlich.) Ihr liebt die Materie, aber sie wird euch nur wiederlieben, wenn ihr sie kennt.

III. Vom schöpferischen Genuß

Ich werde wohl auch einige Worte der Entschuldigung und Rechtfertigung an das Publikum richten müssen, denn ich fühle mich fast schuldig vor ihm. Ich komme mir vor wie die Schlange, die den Kindlich-Unschuldigen vom Sündenbaum des Wissens zu essen geben will. Denn das Kino war ja bis jetzt das glückliche Paradies der Naivität, wo man nicht gescheit, gebildet und kritisch sein mußte, in dessen Dunkel, wie in der Rauschatmosphäre einer Lasterhöhle, auch die kultiviertesten und ernstesten Geister sich ihrer verpflichtenden Bildung und ihres strengen Geschmacks ohne Scham entkleiden konnten, um sich in nackter, urnatürlicher Kindlichkeit dem bloßen primitiven Zuschauen hinzugeben. Nicht nur von der Arbeit, sondern auch von der seelischen Differenziertheit hat man sich dort ausgeruht. Man durfte darüber lachen, daß einer auf den Hintern fällt, und durfte (im Dunkeln!) über Dinge dicke Tränen weinen, die man als Literatur mit Verachtung von sich zu weisen verpflichtet war. Man hat sich geniert, an schlechter Musik Gefallen zu finden. Aber das Kino war, Gott sei Dank, keine Bildungsangelegenheit! Es war ein einfaches Genußmittel wie der Alkohol. Und jetzt soll das auch eine Kunst werden, von der man etwas zu verstehen hat? Jetzt soll man auch da gebildet werden und einen Unterschied erfahren zwischen gut und schlecht wie nach dem Sündenfall?

Nein, wahrlich, ich bin nicht gekommen, um euren Genuß zu stören. Im Gegenteil. Ich will es versuchen, eure Sinne und Nerven zu größerer Genußfähigkeit zu stimulieren. Denn das Verständnis für den Film ist der unbefangenen süßen Kindlichkeit nicht abhold. Der Film ist eine junge, noch unverschmockte Kunst und arbeitet mit neuen Urformen der Menschlichkeit. Darum gehört es gerade zu seinem richtigen Verständnis, sich auf das ganz Primitive und Naive einstellen zu können. Ihr werdet weiter lachen und weinen und werdet es nicht als »Schwäche« leugnen müssen.

Und was den Genuß betrifft, muß man den nicht »verstehen«? Auch das Tanzen muß gelernt werden. Ist nicht der Genußmensch auch immer der Feinschmecker und Kenner? Und jeder Wollüstling wird es euch sagen: das bewußte Genießen ist der höchste Genuß. (Vielleicht ist die Theorie auch nur ein Raffinement der Lebenskunst?)

Wenn ihr Schlechtes von Gutem scheiden werdet, geht für euch vielleicht manches verloren. Doch ihr gewinnt dafür den Genuß des Wertes. Ihr kennt ihn wohl, wenn es sich um echte oder falsche Edelsteine handelt. Die Filmfabrikanten kennen ihn auch und darum pflegen sie bei ihren Ausstattungsfilmen mit den Milliardenkosten Reklame zu machen. Denn der Wert der Sache hat einen ganz besonderen Reiz. Aber die Milliarden zeigen nur den Preis und nicht eigentlich den Wert des Films an, der Film aber hat nicht nur Geld, sondern auch Talent, Geist, Geschmack und Leidenschaft gekostet, die alle in ihm glühen und schillern wie das Feuer im echten Edelstein und für den Kenner sichtbarer sind als das investierte Geld.

Für den Feinschmecker ist es ein besonderer Genuß, im Weine die Traube und den Jahrgang zu kennen. Er analysiert ihn mit der Zunge. Auch die ästhetische Theorie ist nichts weiter als so ein bedächtiges Schlürfen, mit dem man auch das verborgene Werk des inneren Lebens empfinden und genießen will. Der Mensch, der bei der Kunst dazu nicht fähig ist, kommt mir vor wie jener, der beim Rennen nur den letzten Moment der Ankunft sieht. Jedoch der Weg zum Ziel, der Kampf ums Ziel ist das eigentlich Aufregende. Für den Kenner aber steigert sich jede bloße Tatsache zu einer *Leistung*, jede Erscheinung zu einem Gelingen, jede Tat zu einem Sieg, an dem noch die lebendige Hitze des Ringens zu spüren ist.

Doch werdet ihr sagen, was die gelehrten Ästheten sagen: der Film ist eben keine Kunst, weil er ja von vornherein auf den unkritischen Geschmack eingestellt ist und auch gar keine Anforderungen an ein besonderes Verständnis stellt. Das im allgemeinen zu behaupten, ist ein Unrecht. Aber zugestanden, daß es fast soviel schlechte Filme wie schlechte Bücher gibt, und zugestanden, daß die Herstellung eines Films so ungeheuer kostspielig ist, daß die Unternehmer einen Mißerfolg nicht riskieren können und daher unbedingt mit dem bereits vorhandenen Bedürfnis rechnen müssen. Was folgt daraus? Nur, daß es von euch, von eurem Bedürfnis, von eurer Genußfähigkeit abhängt, was für Filme ihr bekommen werdet. Der Film ist, mehr als jede andere, eine soziale Kunst, die gewissermaßen vom Publikum geschaffen wird. Jede andere Kunst ist doch im wesentlichen durch den Geschmack, durch das Talent der Künstler bedingt. Beim Film wird aber der Geschmack und das Talent des Publikums entscheiden. In dieser Mitarbeit liegt eure große Mission. Das Schicksal einer neuen, großen, unermeßliche Möglichkeiten bietenden Kunst ist in eure Hände gelegt. Ihr müßt erst etwas von guter Filmkunst verstehen, um sie dann zu bekommen, ihr müßt erst lernen, ihre Schönheit zu sehen, auf daß sie überhaupt entstehen kann. Und wenn wir sie verstehen lernen, so werden wir, wir Publikum, mit unserer Genußfähigkeit zu ihrem Schöpfer.

Der sichtbare Mensch

Die Erfindung der Buchdruckerkunst hat mit der Zeit das Gesicht der Menschen unleserlich gemacht. Sie haben so viel vom Papier lesen können, daß sie die andere Mitteilungsform vernachlässigen konnten.

Victor Hugo schreibt irgendwo, das gedruckte Buch habe die Rolle der mittelalterlichen Kathedrale übernommen und wurde zum Träger des Volksgeistes. Doch die tausend Bücher haben den einen Geist der Kathedrale zu tausend Meinungen zerrissen. Das Wort hat den Stein (die eine Kirche zu tausend Büchern) zerbrochen.

So wurde aus dem *sichtbaren Geist* ein lesbarer Geist und aus der *visuellen Kultur* eine begriffliche. Daß diese Wandlung das Gesicht des Lebens im allgemeinen sehr verändert hat, ist allbekannt. Doch weniger denkt man daran, wie sich dabei das Gesicht des einzelnen Menschen, seine Stirne, seine Augen, sein Mund, verändern mußten.

Nun ist eine andere Maschine an der Arbeit, der Kultur eine neue Wendung zum Visuellen und dem Menschen ein neues Gesicht zu geben. Sie heißt Kinematograph. Sie ist eine Technik zur Vervielfältigung und Verbreitung geistiger Produktion, genau wie die Buchpresse, und ihre Wirkung auf die menschliche Kultur wird nicht geringer sein.

Nicht-sprechen bedeutet noch lange nicht soviel wie nichts zu sagen haben. Wer nicht redet, der kann noch übervoll sein von Dingen, die nur in Formen, Bildern, Mienen und Gebärden auszudrücken sind. Denn der Mensch der visuellen Kultur ersetzt mit seinen Gebärden nicht Worte wie etwa die Taubstummen mit ihrer Zeichensprache. Er denkt keine Worte, deren Silben er mit Morsezeichen in die Luft schreibt. Seine Gebärden bedeuten überhaupt keine Begriffe, sondern unmittelbar sein irrationelles Selbst, und was sich auf seinem Gesicht und in seinen Bewegungen ausdrückt, kommt von einer Schichte der Seele, die Worte niemals ans Licht fördern können. Hier wird der Geist unmittelbar zum Körper, wortelos, sichtbar.

Es war die große Zeit der bildenden Künste, da der Maler und der Bildhauer nicht nur Form und Raumverhältnisse zu abstrakten Gebilden komponierte und der Mensch für ihn nicht nur ein Formproblem war. Die Künstler durften Seele und Geist malen, ohne darum »literarisch« zu werden, weil Seele und Geist nicht in den Begriffen steckenblieben, sondern noch restlos zu Körper werden konnten. Das war die glückliche Zeit, da die Bilder noch ein »Thema«, eine »Idee« haben durften, weil die Idee nicht immer vorerst in Begriffen und Worten erschien und der Maler nicht erst nachträglich mit seinem Bilde eine Illustration dazu malte. Die Seele, die unmittelbar zum Körper wurde, konnte in ihrer primären Erscheinungsform gemalt und gemeißelt werden. Doch seit der Buchdruckerei ist das Wort zur Hauptbrücke zwischen Mensch und Mensch geworden. In das Wort hat sich die Seele gesammelt und kristallisiert. Der Leib aber ist ihrer bloß geworden: ohne Seele und leer.

Unsere Ausdrucksfläche hat sich auf unser Gesicht reduziert. Und nicht nur darum, weil die anderen Teile des Körpers mit Kleidern verhängt sind. Unser Gesicht ist jetzt wie ein kleiner, unbeholfener, in die Höhe gestreckter Semaphor der Seele, der uns Zeichen gibt, so gut er kann. Manchmal nur helfen die Hände nach, deren Ausdruck immer die Melancholie verstümmelter Fragmente hat. Aber an dem Rücken eines griechischen Torsos ohne Kopf kann man deutlich sehen – auch wir können es noch sehen –, ob das verlorengegangene Gesicht geweint oder gelacht hat. Die Hüften der Venus lächeln nicht minder ausdrucksvoll als ihr Gesicht, und es hätte nicht genügt, einen Schleier über ihren Kopf zu werfen, um nicht zu wissen, was sie denkt und fühlt. Denn der Mensch war sichtbar an seinem ganzen Leib. Doch in der Kultur der Worte ist die Seele (seitdem sie so gut hörbar wurde) fast unsichtbar geworden. Das hat die Buchpresse gemacht.

Nun, der Film ist dabei, der Kultur wieder eine so radikale Wendung zu geben. Viele Millionen Menschen sitzen allabendlich da und erleben durch ihre Augen menschliche Schicksale, Charaktere, Gefühle und Stimmungen jeder Art, ohne der Worte zu bedürfen. Denn die Aufschriften, welche die Filme noch tragen, sind nebensächlich, teils vergängliche Rudimente der noch unentwickelten Formen, teils von spezieller Bedeutung, die nie eine Nachhilfe für den visuellen Ausdruck sein will. Die ganze Menschheit ist heute schon dabei, die vielfach verlernte Sprache der Mienen und Gebärden wieder zu erlernen. Nicht den Worteersatz der Taubstummensprache, sondern die visuelle Korrespondenz der unmittelbar verkörperten Seele. *Der Mensch wird wieder sichtbar werden.*

Die moderne Philologie und Sprachgeschichtsforschung hat festgestellt, daß der Ursprung der Sprache die *Ausdrucksbewegung* ist. Das heißt, der Mensch, der zu sprechen beginnt (wie auch das kleine Kind), bewegt Zunge und Lippen nicht anders wie seine Hände und die Muskeln seines Gesichtes, also ursprünglich nicht mit der Absicht, Töne von sich zu geben. Die Bewegungen der Zunge und der Lippen sind zu Anfang geradeso spontane Gebärden wie jede andere Ausdrucksbewegung des Körpers. Daß dabei Laute entstehen, ist eine sekundäre Erscheinung, die sozusagen im nachhinein praktisch verwertet wurde. Der unmittelbar sichtbare Geist wurde dann in einen mittelbarhörbaren Geist übersetzt, wobei, wie bei jeder Übersetzung, manches verlorengehen mußte. Aber die Gebärdensprache ist die eigentliche Muttersprache der Menschheit.

An diese fangen wir jetzt an, uns zu erinnern, und sind dabei, sie neu zu lernen. Sie ist noch unbeholfen und primitiv und weit davon entfernt, der Differenziertheit der modernen Wortkunst nahezukommen. Aber weil sie ältere und tiefere Wurzeln in der menschlichen Natur hat als die gesprochene Sprache und weil sie dennoch von Grund auf neu ist, drückt sie schon mit ihrem Stammeln häufig Dinge aus, die die Künstler des Wortes vergeblich zu fassen versuchen.

Ist es ein Zufall, daß gerade in den letzten Jahrzehnten gleichzeitig mit dem Film auch der künstlerische Tanz zu einem allgemeinen Kulturbedürfnis wurde? Offenbar haben wir viele Dinge zu sagen, die mit Worten nicht zu sagen sind. Man geht zurück auf die ursprüngliche Ausdrucksbewegung, deren sekundäre und abgeleitete Formen unsere Kultur in die verschiedensten Sackgassen getrieben zu haben scheinen. Das Wort scheint den Menschen vergewaltigt zu haben. Prokrustes-Begriffe warfen vieles über Bord, was uns heute schon abgeht, und die Musik allein genügt nicht, um es uns wiederzugeben. Die Kultur der Worte ist eine entmaterialisierte, abstrakte, verintellektualisierte Kultur, die den menschlichen Körper zu einem bloßen biologischen Organismus degradiert hat. Aber die neue Gebärdensprache, die da kommt, entspringt unserer schmerzlichen Sehnsucht, mit unserem ganzen Körper, vom Scheitel bis zur Sohle wir selbst, Mensch sein zu können (nicht nur in unseren Worten) und unseren eigenen Leib nicht mehr als eine fremde Sache, als irgendein praktisches Werkzeug mit uns schleppen zu müssen. Sie entspringt der Sehnsucht nach dem verstummten, vergessenen, unsichtbar gewordenen *leiblichen* Menschen.

Warum die dekorativen Choreographien der Tänzer und Tänzerinnen diese neue Sprache nicht bringen werden, darüber wird noch gesprochen werden. Der Film ist es, der den unter Begriffen und Worten verschütteten Menschen wieder zu unmittelbarer Sichtbarkeit hervorheben wird.

Dieser sichtbare Mensch ist aber heute schon nicht mehr und noch nicht ganz da. Denn es ist ein Gesetz der Natur, daß jedes Organ, das nicht gebraucht wird, degeneriert und verkrüppelt. In der Kultur der Worte wurde unser Körper als Ausdrucksmittel nicht voll gebraucht und darum hat er auch seine Ausdrucksfähigkeit verloren, ist unbeholfen, primitiv, dumm und barbarisch geworden. Wie oft ist der Gebärdenschatz ganz primitiver Völker reicher als der eines hochgebildeten Europäers, der über den größten Wortschatz verfügt. Noch einige Jahre guter Filmkunst und die Gelehrten werden vielleicht daraufkommen, daß man mit Hilfe des Kinematographen das Lexikon der Gebärden und der Mienen zusammenstellen müßte wie das Lexikon der Worte. Das Publikum wartet aber nicht auf diese neue Grammatik künftiger Akademien, sondern geht ins Kino und lernt von selbst.

Es wurde schon viel darüber gesprochen, daß der moderne Europäer seinen Körper vernachlässigt. Und man hat sich mit heiliger Begeisterung auf den Sport geworfen. Doch der Sport kann den Körper gesund und schön machen, beredt macht er ihn nicht. Denn es sind doch immer nur die animalischen Qualitäten, die er steigert. Er macht ihn nicht zum empfindlichen Medium der Seele, nicht zum nervösen Spiegel, der jede leiseste Seelenregung zeigt. Es kann jemand auch eine gewaltige und schöne Stimme haben, ohne mit ihr präzise sagen zu können, was er meint.

Doch nicht nur der menschliche Körper ist durch diese Vernachlässigung als Ausdrucksorgan verkümmert, sondern auch die Seele, die durch ihn auszudrücken gewesen wäre. Denn, wohlgemerkt, es ist nicht derselbe Geist, der sich einmal hier in Worten, ein andermal dort in Gebärden ausdrückt. Wie auch in der Musik nicht dasselbe bloß anders gesagt wird wie in der Dichtung. Die Eimer der Worte schöpfen aus anderen Tiefen und bringen anderes an die Oberfläche als die Gebärden. Doch in diesem Fall ist es so, daß der Brunnen versiegt, aus dem *nicht* geschöpft wird. Denn die Möglichkeit, uns auszudrücken, bedingt schon im voraus unsere Gedanken und Gefühle. Das ist die Ökonomie unserer geistigen Organisation, die nichts Unverwendbares zu produzieren vermag. Psychologische und logische Analysen haben es erwiesen, daß unsere Worte nicht nur nachträgliche Abbilder unserer Gedanken sind, sondern ihre im vorhinein bestimmenden Formen. Zwar reden schlechte Dichter und Dilettanten viel von ihren unaussprechlichen Gefühlen und Gedanken, in Wahrheit ist es aber so, daß wir nur sehr, sehr selten Dinge denken können, die man nicht aussprechen kann, und dann wissen wir erst nicht, was wir gedacht haben. Die geistige Entwicklung des Menschen ist auch hier, wie auf jedem anderen Gebiet, eine dialektische. Der wachsende, sich dehnende menschliche Geist dehnt und vermehrt zwar seine Ausdrucksmöglichkeiten, doch anderseits sind es gerade die vermehrten Ausdrucksmöglichkeiten, die ein Wachsen des Geistes ermöglichen.

Das Bild der Welt im Wort ergibt ein lückenloses und sinnvolles System, in dem Dinge, die es nicht enthält, nicht etwa *fehlen*, wie auch die Farben in der Musik *nicht fehlen*, obgleich sie nicht vorhanden sind. Gerade solch ein vollständiges, lückenloses System ergibt das Bild des Menschen und der Welt in der unmittelbaren Ausdrucksbewegung. Die menschliche Kultur wäre ohne Sprache denkbar. Sie würde freilich ganz anders aussehen, sie müßte aber nicht minderwertiger sein. Sie wäre jedenfalls weniger abstrakt und dem unmittelbaren Sein des Menschen und der Dinge weniger entfremdet.

Ruth Saint Denis, dieses größte Genie des Tanzes, schreibt in ihrer Selbstbiographie, daß sie bis zu ihrem fünften Lebensjahre das Sprechen nicht erlernt habe. Denn sie lebte allein und abgeschlossen mit ihrer Mutter, die lange Zeit selbst an allen Gliedern gelähmt war und darum eine ganz besondere Empfänglichkeit für die Bedeutung der Bewegungen hatte. Sie verstanden einander durch Mienen und Gebärden so gut, daß Ruth das Sprechen, dessen sie nicht bedurfte, sehr langsam erlernt hat. Ihr Körper aber wurde so beredt, daß sie zur großen wunderbaren Dichterin der Gebärden wurde.

Aber die Ausdrucksbewegungen selbst der größten Tänzerin bleiben immer Konzertsaalproduktionen für wenige, sie bleiben umrahmte, vom Leben abgesonderte Kunst. Doch nur die angewandte Kunst bedeutet Kultur. Nicht die Schönheitsposen der

Statuen in den Galerien, sondern Gang und Gebärde der Menschen auf der Straße des Alltags, während ihrer Arbeit. Kultur bedeutet die Durchgeistigung der alltäglichen Lebensmaterie, und visuelle Kultur müßte den Menschen in ihrem gewöhnlichen Verkehr miteinander andere und neue Ausdrucksformen geben. Das schafft die Tanzkunst nicht, das wird der Film schaffen.

Überhaupt scheint die Kultur den Weg vom abstrakten Geist zum sichtbaren Körper zu gehen. Sieht man denn nicht den Bewegungen, den feinen Händen eines Menschen den Geist seiner Ahnen an? Gedanken der Väter werden zur Empfänglichkeit der Nerven, zu Geschmack und Instinkt bei den Kindern. Das bewußte Wissen wird zu unbewußter Sensibilität: *es materialisiert sich zur Kultur im Körper.* Die körperliche Ausdrucksfähigkeit ist immer das letzte Resultat einer Kulturentwicklung, und darum, mag der Film von heute ein noch so primitives, barbarisches Stammeln im Verhältnis zur Literatur *von heute* sein, bedeutet er dennoch die Entwicklung der Kultur, weil er eine unmittelbare Körperwerdung des Geistes bedeutet.

Dieser Weg führt in zwei scheinbar entgegengesetzte Richtungen. Denn auf den ersten Blick scheint es so, als wenn die Physiognomiesprache jenes Entfremden und Auseinandergehen, das mit der Sprachverwirrung beim Turmbau von Babel angefangen hat, nur noch vermehren und vergrößern würde. Dieser Weg der Kultur scheint einesteils in der Richtung der Vereinzelung der Individualität, der Einsamkeit weiterzuführen. Denn nach der Sprachverwirrung von Babel blieben doch noch Gemeinschaften, die Worte und Begriffe ihrer gemeinsamen Muttersprache gleicherweise fertigbekamen, und das gemeinsame Wörterbuch, die gemeinsame Grammatik rettete den Menschen vor der letzten Einsamkeit des Unverstandenseins. Nun ist aber der mimische Ausdruck noch vielfach individueller und persönlicher als die Wortsprache. Zwar hat auch das Mienenspiel seine »eingeführten«, mit bestimmter Bedeutung allgemein gebrauchten Formen, so daß man eine vergleichende Mienenlehre nach dem Muster der vergleichenden Sprachlehre machen könnte und sogar müßte. Doch hat diese Gebärdensprache zwar ihre Traditionen, aber keine Gesetze wie die Grammatik, die verpflichtend wären und von denen abzuweichen schon in der Schule unter Strafe verboten ist. Diese Sprache ist noch so jung, daß sie sich biegsam an die Eigenart jeder Einzelindividualität schmiegt. Sie ist noch in dem

Stadium, wo sie vom Geiste geschaffen wird und nicht der Geist von ihr.

Anderseits scheint uns gerade die Filmkunst eine Erlösung von dem babelschen Fluch zu versprechen. Denn auf der Leinwand der Kinos aller Länder entwickelt sich jetzt *die erste internationale Sprache*: die der Mienen und Gebärden. Das hat seine Gründe im Wirtschaftlichen, das immer die festesten Gründe liefert. Die Herstellung eines Films kostet so viel, daß er sich nur bei internationaler Verbreitung rentieren kann. Die wenigen Titelaufschriften sind bald von einer Sprache in die andere übersetzt. Doch das Mienenspiel der Künstler muß für alle Völker gleich verständlich sein. Der nationalen Eigenart werden hier enge Grenzen gezogen, und es war in den ersten Jahren des Films noch zu beobachten, wie anglo-sächsischer und französischer Stil der Ausdrucksbewegung um die Hegemonie miteinander kämpften. Denn das Gesetz des Filmmarktes duldete nur eine allgemeine Gebärdensprache, die von San Francisco bis Smyrna in jeder Nuance gemeinverständlich ist und der jede Prinzessin und jede Grisette gleicherweise folgen kann. Und heute spricht schon der Film die einzige gemeinsame Weltsprache. Ethnographische Spezialitäten, nationale Intimitäten werden dann und wann noch als Lokalkolorit, als Ornamentik eines stilisierten Milieus verwendet. Doch nie mehr als *psychologische Motive*. Die Gebärde, die den Lauf und den Sinn der Handlung entscheidet, muß für die verschiedensten Völker gleicherweise verständlich sein, sonst bringt der Film seine Kosten nicht ein. Die Gebärdensprache wurde im Film sozusagen normalisiert. Dementsprechend hat sich aber auch eine gewisse Normalpsychologie der weißen Rasse herausgebildet, die zur Grundlage jeder Filmfabel geworden ist. Das ist die Erklärung für die vorläufige Primitivität und Schablonenhaftigkeit dieser Fabeln. Trotzdem ist dies von ungeheurer Bedeutung. Hier liegt der erste lebendige Keim jenes weißen Normalmenschen verborgen, der als Synthese aus den verschiedenen Rassen und Völkern einmal entstehen wird. Der Kinematograph ist eine Maschine, die, auf ihre Art, lebendigen und konkreten Internationalismus schafft: *die einzige und gemeinsame Psyche des weißen Menschen*. Und mehr noch. Indem der Film ein einheitliches Schönheitsideal als allgemeines Ziel der Zuchtwahl suggeriert, wird er einen einheitlichen Typus der weißen Rasse bewirken. Die Verschiedenheit des Gesichtsausdruckes und der Bewegung, die schärfere Grenzen zwischen den Völkern gezogen hat als Zoll und Schlagbaum, wird durch den Film allmählich wegretuschiert werden. Und wenn der Mensch einmal ganz sichtbar wird, dann wird er trotz verschiedenster Sprachen immer sich selbst erkennen.

Skizzen zu einer Dramaturgie des Films

Die Filmsubstanz

Wenn der Film eine eigene Kunst mit eigener Ästhetik sein soll, dann hat er sich von allen anderen Künsten zu unterscheiden. Das Spezielle ist das Wesen und die Berechtigung jeder Erscheinung, und das Spezielle ist durch seine Verschiedenheit am besten darzustellen. So wollen wir nun die Filmkunst abgrenzen von ihren Nachbargebieten und damit ihre Autonomie erweisen.

Vor allem ist man geneigt, im Film ein mißratenes und verkommenes Kind des Theaters zu erblicken, und ist der Ansicht, daß es sich hier um eine verdorbene und verstümmelte Abart handle, um einen billigen Theaterersatz, der sich zur echten Bühnenkunst so verhält wie etwa die photographische Reproduktion zum Originalgemälde. In beiden Fällen – so scheint es – werden ja erdichtete Geschichten von Schauspielern dargestellt.

Die Einschichtigkeit des Films

Allerdings. Aber nicht im selben Material. Auch Skulptur und Malerei stellen gleicherweise Menschen dar und haben doch ganz verschiedene Gesetze, die durch das verschiedene Material bestimmt sind. Das Material der Filmkunst aber, seine Substanz, ist von der des Theaters grundverschieden.

Es ist immer ein doppeltes Ding, das wir auf dem Theater wahrnehmen: das Drama *und* seine Darstellung. Sie erscheinen uns unabhängig, in einem freien Verhältnis zueinander, immer als eine Zweiheit. Der Theaterregisseur bekommt ein fertiges Stück, der Bühnenschauspieler eine fertige Rolle in die Hand. Ihnen bleibt nur die Aufgabe, den *vorhandenen*, festgelegten Sinn herauszustreichen und plastisch darzustellen. Dabei hat das Publikum die Möglichkeit der Kontrolle. Denn wir *hören* ja aus den Worten, was der Dichter gemeint hat, und *sehen*, ob Regisseur und Schauspieler es richtig oder unrichtig darstellen. Sie sind nur Interpreten eines Textes, der uns im Original – durch ihre Darstellung hindurch – zugänglich ist. Denn das Material des Theaters ist eben zweischichtig.

Beim Film ist die Sache anders. Wir können nicht hinter der

Darstellung ein selbständiges Stück wahrnehmen, dieses unabhängig von der Vorführung betrachten und beurteilen. Das Publikum hat beim Film keine Möglichkeit irgendeiner Kontrolle darüber, ob Regisseur und Schauspieler das Werk des Dichters richtig oder unrichtig dargestellt haben, denn es ist einzig und allein *ihr* Werk, welches das Publikum zu Gesicht bekommt. Was uns gefällt, haben sie gemacht und sie sind verantwortlich dafür, was uns mißfällt.

Dichtende Darsteller

Darum sind auch die Filmregisseure viel bekannter und berühmter als ihre Kollegen vom Theater. Wer hingegen merkt sich den Namen (wenn er überhaupt genannt wird) eines Filmautors? Auch mit den »Filmstars« wird ein viel größeres Wesen getrieben als mit den Bühnensternen. Geschieht hier ein Unrecht, das nur auf die Reklame zurückzuführen ist? Nein. Auch die größte Reklame kann nur dann nachhaltig wirken, wenn sie auf ein vorhandenes Interesse gegründet ist. Die Sache ist eben die, daß Regisseur und Schauspieler die eigentlichen Dichter des Films sind.

Wenn ein Schauspieler einen Satz sagt und dazu ein Gesicht schneidet, dann erfahren wir aus seinen Worten, was er meint, und seine Mienen sind nur eine Art Begleitung dazu. Wenn diese Begleitung falsch ist, wirkt das unangenehm, gerade darum, weil wir in der Lage sind festzustellen, daß sie falsch ist. (Denn der Träger des Sinnes ist das Wort.)

Im Film geben uns Worte keinen Anhaltspunkt. Wir erfahren alles aus dem Gebärdenspiel, das nun keine Begleitung und auch nicht Form und Ausdruck, sondern *einziger Inhalt* ist.

Freilich können wir auch im Film bemerken, wenn schlecht gespielt wird. Doch hat das schlechte Spiel hier eine andere Bedeutung. Es ist keine falsche Interpretation einer vorhandenen Figur, sondern eine falsche Gestaltung, durch die eine Figur überhaupt nicht zustande kommt. Es ist eine schlechte Dichtung. Die Fehler sind nicht Widersprüche mit einem Text, der zugrunde liegt, sondern Widersprüche des Spieles mit sich selber. Auch auf dem Theater ist es möglich, daß ein Schauspieler auf Grund eines Mißverständnisses eine Figur der Dichtung doch konsequent und gut verfälscht. Wenn das einem Filmschauspieler gelingt, sind wir nicht in der Lage zu bemerken, daß eine Fälschung vorliegt. Denn der Urstoff, die poetische Substanz des Films ist die sichtbare Gebärde. Aus dieser wird der Film gestaltet.

Film und Literatur

Regisseur und Schauspieler (die beim Film in einem ganz anderen Verhältnis zueinander stehen wie auf dem Theater) könnten am ehesten mit Improvisatoren verglichen werden, die vielleicht eine Idee, eine kurze, allgemeine Inhaltsangabe von einem anderen bekommen haben, doch *den Text sich selber dichten.* Denn der Text des Films besteht aus seiner Textur, aus jener Sprache der Bilder, wo jede Gruppierung, jede Gebärde, jede Perspektive, jede Beleuchtung jene poetische Stimmung und Schönheit auszustrahlen hat, die sonst die Worte eines Dichters enthalten. Auch bei einem Gedicht und einer Novelle kommt es ja am wenigsten auf den bloßen Inhalt an. Feinheit und Kraft des Ausdrucks machen den Dichter. Feinheit und Kraft der Bildwirkung und der Gebärde machen die Kunst des Films aus. *Darum hat er nichts mit der Literatur zu schaffen.*

Film und Fabel

Ich muß auf diese Analyse so ausführlich eingehen, denn hier liegt die Wurzel aller Mißverständnisse und Vorurteile, die den Großteil der literarisch Gebildeten unfähig machen, die Kunst im Film wahrzunehmen. Sie schauen nur auf den Fabelinhalt des Films und finden ihn freilich zu einfältig und primitiv. Aber die visuelle Gestaltung beachten sie nicht. So kann es dann geschehen, daß ein Literat, der Büchern gegenüber vielleicht eine hochdifferenzierte Empfindsamkeit zeigt, über den Griffith-Film *Mädchenlos* schreibt, er wäre ein abgeschmackter, sentimentaler Kitsch, weil er nichts weiter enthält, als daß ein Mädchen verführt und verlassen und darob elend und unglücklich wird. Doch Faustens Margarete ist ja letzten Endes auch nur so ein verführtes und verlassenes Mädchen. Nur kommt es hier wie dort nicht auf das letzte Ende an, sondern auf den Text. Was dort die Worte eines großen Dichters aus dieser primitiven, ureinfachen Geschichte machen, das macht aus ihr in diesem Film das erschütternde Mienenspiel der Lillian Gish und die meisterhafte Bilderführung Griffiths, der jede Szene auf dieses Gesicht hinspielen und auslaufen läßt.

Ein Herr gesteht einer Dame seine Liebe. Diese Tatsache kommt in den größten Meisterwerken der Literatur sowie in den schlechtesten Kolportageromanen gleicherweise vor. Worin liegt also der Unterschied? Ausschließlich darin, wie die Szene beschrieben ist und was der betreffende Herr jener Dame sagt. Nun, beim Film kommt es auch nur darauf an, wie der Regisseur die Szene im Bilde darstellt und was das Gesicht des Schauspielers sagt. Darin liegt die gestaltete Kunst und nicht in den abstrakten »Tatsachen« eines abstrakten Inhalts.

Ein guter Film hat überhaupt keinen »Inhalt«. Denn er ist »Kern und Schale mit einem Male«. Er hat so wenig einen Inhalt wie ein Gemälde oder eine Musik oder wie eben – ein Gesichtsausdruck. Der Film ist *eine Flächenkunst*, und »was innen ist, ist außen« bei ihm. Trotzdem – und darin liegt seine prinzipielle Verschiedenheit von der Malerei – ist er eine zeitliche Kunst der Bewegung und der organischen Kontinuität und kann daher eine überzeugende oder falsche Psychologie, einen klaren oder verworrenen Sinn haben. Nur daß diese Psychologie und dieser Sinn nicht als »tiefere Bedeutung« im Gedanken, sondern in der sinnfälligen Erscheinung restlos an der Oberfläche liegen.

Daher kommt jene Primitivität des Fabelinhalts der Filme, welche die Literaten so verdrießt. Allerdings muß hier auf rein gedankliche Werte verzichtet werden sowie auch auf jene seelischen Konflikte, die nur im Gedanken ausgetragen werden. Dafür bekommen wir aber Dinge zu sehen, die nicht zu denken und mit Begriffen nicht zu fassen sind. Und wir bekommen sie *zu sehen*, was ein ganz eigenes Erlebnis ist. Auch die Malerei vermittelt uns keine Gedanken und keine feinen psychologischen Probleme und ist deswegen noch keine minderwertige Kunst. Auch ist sie darum noch nicht primitiv, weil sie immer nur eine Szene darstellen kann.

Parallele Fabel und tiefere Bedeutung

Trotzdem scheint der Film jener »Tiefe« der Literatur, die in einer dritten Dimension des Gedanklichen, nämlich darin liegt, daß man *hinter* dem obenauf sichtbaren Geschehen ein anderes, verborgenes *Geschehen in der Bedeutung* ahnen läßt, nicht ganz entsagen zu wollen. Daher die in den letzten Jahren aufgekommene Mode der Filme mit parallellaufenden Fabeln, in denen zwei oder auch mehr Geschichten aus verschiedenen historischen Zeitaltern oder verschiedenen Schichten der Gesellschaft nebeneinander gezeigt werden, in denen immer dieselben Charaktere und Typen, von denselben Schauspielern gespielt, auftreten und in denen die Ähnlichkeit der Erlebnisse, die Parallelität der Schicksale durch die Wiederholung eine Gesetzmäßigkeit, einen gemeinsamen Sinn und darin eine tiefere Bedeutung allen Geschehens darlegen sollen.

Solche Versuche eines Weltanschauungsfilms scheinen gar nicht hoffnungslos zu sein. Da es auf der zweidimensionalen Bildfläche des Films kein »Dahinter« und keine »verborgene« Bedeutung geben kann, versucht eben der Film jenen doppelten Boden der Tiefe, der in der Literatur als ein Hintereinander erscheint, in ein Nebeneinander aufzulösen. Da das Bild nicht durchblicken läßt wie das Wort, muß jenes zweite Geschehen als Parallele auch auf die Oberfläche der Sichtbarkeit gebracht werden. Im Gemeinsamen ist das Gesetz und im Gesetz der tiefere Sinn, der sich, wie die *eine* Wurzel vieler Zweige, unter der Oberfläche verbirgt. Der Film hat keine philosophischen Worte, ihn ans Licht zu sagen. Er wird ihn im gemeinsamen Kreuzungspunkt verschiedener Schicksalslinien aufzeigen.

Freilich – und diese Gefahr liegt so nahe, daß ihr bisher jeder ähnliche Film verfallen ist – dürfte die parallele Fabel keine bloße kostümierte Wiederholung und nicht einfach ein Gleichnis werden. Denn das Gleichnis ist nur eine Illustration, deren der Film am wenigsten bedarf. Als Gleichnis verliert jede Geschichte ihr Wirklichkeitsgewicht. Sie wird zum Symbol der anderen Geschichte und hat keine eigene Realität. Sie wiederholt den Sinn, nicht der Sinn wiederholt sich in ihr in neuem Geschehen. Diese parallele Geschichte müßte nicht eigentlich ähnlich, sondern *verwandt* sein und die andere Seite desselben Geschehens darstellen. Es sei denn im Glauben an eine Seelenwanderung oder im mystischen Glauben an das heimliche Verwobensein aller Schicksale miteinander. Warum hat man noch keinen »Déjà-vu«-Film gemacht? Warum hat man dieses seltsame und in seiner reinen Visualität tiefste Gründe der Seele eröffnende Erlebnis, daß einem eine noch nie erlebte Szene plötzlich so unheimlich bekannt vorkommt, warum hat man das gespenstische Hindurchdämmern eines Lebensbildes durch das andere, dieses Durchsichtigwerden der Umgebung, noch nie zum Leitmotiv eines Films gemacht?

Von der visuellen Kontinuität

Es gibt literarisch erdachte Filme, deren Bilder nur eine dichte Reihe von beweglichen Illustrationen zu einem Text sind, der in den Titelaufschriften mitgeteilt wird. Wir bekommen jedes wesentliche äußere und innere Ereignis im Titel zu lesen und nachher bekommen wir es erst zu sehen, ohne daß die Bilder *im eigenen Medium* die Handlung weiterentwickeln würden. Solche Filme sind schlecht, denn sie enthalten nichts, was nur im Film auszudrücken wäre. Aber die Berechtigung jeder Kunst liegt darin, eine unersetzbare Ausdrucksmöglichkeit zu sein.

Die Bilder solcher literarischer Filme haben auch bei bester Regie und bestem Spiel etwas Lebloses und Zerrissenes, denn es fehlt ihnen *die visuelle Kontinuität*. Eine in Worten gedachte Erzählung wird nämlich viele Momente überspringen, die im Bilde nicht zu überspringen sind. Das Wort, der Begriff, der Gedanke sind zeitlos. Das Bild aber hat eine konkrete Gegenwart und lebt nur in dieser. In Worten liegt Erinnerung, man kann mit ihnen auf Ungegenwärtiges hinweisen und anspielen. Das Bild aber spricht nur für sich selbst. Darum fordert der Film, besonders bei der Darstellung von seelischen Entwicklungen, eine lückenlose Kontinuität der sichtbaren Einzelmomente. Er muß aus dem ungemischten Material der reinen Visualität herausgearbeitet sein. Denn jede literarische Überbrückung spürt man sofort wie die Kälte eines luftleeren Raumes.

Diese Kontinuität fordert viele Meter an Filmband. Darum kann ein Film, der eine seelische Entwicklung darstellt, nur eine sehr einfache Fabel haben. Denn leider können die Filme bei uns nicht länger als 2200 Meter sein, und eine Vorführung darf nur anderthalb Stunden dauern. Die mit bester Absicht vorgenommenen Bearbeitungen von schönsten Filmstoffen (wie die traurige Reihe mißlungener Dostojewski-Verfilmungen) mußten daran scheitern, daß die Zeit zu kurz und die Meter zu wenig waren, um die übergroße Fülle an Motiven in dieser visuellen Kontinuität darstellen zu können. Diese Vorführungszeiten werden sich darum auch bestimmt nicht lange mehr halten, und statt der Sechsakter, die anderthalb Stunden lang dauern, werden Dreiakter von zweieinhalb Stunden entstehen, in denen sich die Filmkunst erst entfalten kann. Freilich hängt das – wie beim Film fast alles – mit wirtschaftlichen und sozialen Momenten zusammen. Die armen Leute, die ins Kino gehen, könnten für eine Doppelvorstellung den doppelten Eintrittspreis noch leichter herbeischaffen als die doppelte Zeit. Bei einem zehnstündigen Arbeitstag geht es sicher nicht. Dabei verkrüppelt nicht nur der Mensch, sondern auch die Kunst. Aber vielleicht wird es einmal anders werden?

Die Atmosphäre

Die Atmosphäre ist wohl die Seele jeder Kunst. Sie ist Luft und Duft, die wie eine Ausdünstung der Formen alle Gebilde umgibt und ein eigenes Medium einer eigenen Welt schafft. Diese Atmosphäre ist wie der nebelhafte Urstoff, der sich in den einzelnen Gestalten verdichtet. Sie ist die gemeinsame Substanz der verschiedenen Gebilde, sie ist die letzte Realität jeder Kunst. Wenn diese Atmosphäre einmal da ist, kann die Unzulänglichkeit der einzelnen Gebilde nicht mehr Wesentliches verderben. Die Frage nach dem »Woher« dieser speziellen Atmosphäre ist immer die Frage nach der tiefen Quelle jeder Kunst.

Nun, es gibt zum Beispiel amerikanische Filme, deren Fabelinhalt nichtssagend und einfältig, in denen das Spiel (das mit seiner Gebärden- und Mienenlyrik vieles ersetzen könnte) auch unbedeutend ist und die unser Interesse dennoch von Anfang bis zu Ende wach halten. Das kommt von ihrer lebendigen Atmosphäre. Sie haben jenes dichte, duftige Fluidum des sinnfälligen Lebens, das nur die allergrößten Dichter manchmal mit Worten fühlen lassen können. Und dann sagen wir: »Man spürt ordentlich den Geruch der Zimmer, wenn Flaubert eine Wohnung beschreibt«, oder »es wässert einem der Mund, wenn Gogols Bauern essen«. Und siehe, diese sinnfällige, riechbare und schmeckbare Atmosphäre schafft jeder bessere amerikanische Regisseur.

Die *ganze* Geschichte ist vielleicht einfältig, vielleicht auch kitschig-verlogen. Aber die *einzelnen Momente* sind so warmen Lebens voll, »daß man ordentlich den Duft spürt«. *Warum* der Held etwas tut, das hat oft keinen Sinn, aber *wie* er es tut, das hat Naturwärme. Das Schicksal des Helden ist leer, aber seine Minuten sind reich gestaltet.

Da gab es einmal einen sehr unbedeutenden Film von der unglücklichen Liebe eines Krüppels. Aber einmal führt dieser lahme Bräutigam seine Braut auf den Jahrmarkt aus, und nun folgt ein ganzer Akt voll kleiner, flüchtiger Szenen, aus denen die animalische Vitalität des brausenden Jahrmarktstreibens sich zusammensetzt. Eine Flut und Brandung von Bildern der Kraft, die den körperlich unzulänglichen Krüppel verschüttet und erdrückt. Es ist ein dünnes Hageln kleiner Momente des materiellen Lebens, das den schwachen Mann zuletzt töten muß. Es wird eine Atmosphäre geschaffen, in der er erstickt.

Oder das Mädchen geht nachher zu dem Bräutigam, um ihm zu sagen, es wolle ihn nicht heiraten. Doch die Wohnung ist schon zur Hochzeit geschmückt. Die Kränze und Sträuße, die Geschenke und die hundert kleinen *materiellen* Zeichen einer Zärtlichkeit werden nun einzeln gezeigt. Es entsteht dadurch ein dicker Dunst von Güte um das Mädchen, in dem sie den Weg verliert. Wie sich die vielen kleinen Tatsachen des Jahrmarkts zu einem Fluidum des Lebens verdichtet haben, das der Schwache und Lahme nicht durchwaten konnte, so fühlt man in diesem Hochzeitszimmer das Gewicht der Dinge und Tatsachen, gegen die die Seele nicht aufkommen kann.

Die Bedeutung der sichtbaren Dinge

Das ist eine starke Atmosphäre, die im Film durch die *große Rolle und Bedeutung der sichtbaren Dinge entsteht.* Diese Bedeutung haben die Dinge in der Poesie, welche mehr auf einen abstrakten Sinn eingestellt ist, nicht. Darum kann auch keine Poesie diese spezifische Atmosphäre, dieses »wesen« der Materie (ein gutes altes Verbum!) schaffen.

Das hat aber noch einen anderen Grund. In der Welt des sprechenden Menschen sind die stummen Dinge viel lebloser und unbedeutender als der Mensch. Sie bekommen nur ein Leben zweiten und dritten Grades und das auch nur in den seltenen Momenten besonders hellsichtiger Empfindlichkeit der Menschen, die sie betrachten. Auf dem Theater ist ein Valeurunterschied zwischen dem sprechenden Menschen und den stummen Dingen. Sie leben in verschiedenen Dimensionen. Im Film verschwindet dieser Valeurunterschied. Dort sind die Dinge nicht so zurückgesetzt und degradiert. *In der gemeinsamen Stummheit* werden sie mit dem Menschen fast homogen und gewinnen dadurch an Lebendigkeit und Bedeutung. Weil sie nicht weniger sprechen als die Menschen, darum sagen sie gerade so viel. Das ist das Rätsel jener besonderen Filmatmosphäre, die jenseits jeder literarischen Möglichkeit liegt.

Verfilmte Literatur

Die Wesensverschiedenheit von Film und Literatur erweist sich am deutlichsten, wenn ein guter Roman oder ein gutes Drama »verfilmt« wird. Vor dem Kinoapparat werden literarische Werke durchsichtig wie vor den Röntgenstrahlen. Das Knochengerüst der Fabel bleibt, das schöne Fleisch der Gedankentiefe, die zarte Haut des lyrischen Tönens verschwindet auf der Leinwand. Von den duftigsten Schönheiten bleibt nur ein nacktes, rohes Skelett übrig, das keine Literatur mehr und noch kein Film ist, sondern eben dieser »Inhalt«, der weder hier noch dort das Wesen ausmacht. So ein Skelett müßte ein neues und ganz anderes Fleisch, eine andere Epidermis bekommen, um eine im Film sichtbare lebendige Gestalt zu erhalten.

Freilich gibt es auch Dichter, die eine besonders visuelle Phantasie haben und zum Verfilmen wie geschaffen erscheinen. Da ist zum Beispiel Dickens. Jede Seite ist, auch gelesen, ein sichtbares Bild. Und dennoch ist es bisher, meines Wissens, noch nicht gelungen, einen guten Dickensfilm zu machen, hingegen habe ich schon eine ganze Reihe von (trotz tüchtiger Regie und guter Schauspieler) schlechten Dickensfilmen gesehen.

Das kommt daher, daß – so paradox es klingt – die Phantasie von Dickens zu bildhaft ist. Denn einen ganzen Dickens-Roman zu verfilmen, ist eine technische Unmöglichkeit. Für die Fülle von Visionen hat heute noch kein Film Raum. Es muß also »gekürzt« werden. Bei anderen Romanen, die einen von ihren Bildern loslösbaren »Inhalt« haben, ein Fabelgerüst, an dem die einzelnen Szenen nur angehängt sind, wäre solche Operation ohne weiteres zu vollziehen. Die Bilder eines Dickensschen Romanes (das stellt sich eben beim Verfilmen heraus) sind aber das lebendige Gewebe *eines* Organismus. Wird eines weggeschnitten, wird das andere leblos, es stirbt ab. Eine im Gedanken reflektierte Fabel kann man kürzen, denn eine Definition läßt sich knapper und knapper fassen. *Aber ein Bild kann man nicht kürzen.* Man müßte denn die ganze Komposition neu malen. Also gerade das, was Dickens so geeignet für den Film macht, nämlich seine bildhafte Phantasie, macht seine Werke für eine Bearbeitung ungeeignet. Er hätte sie selbst vornehmen müssen. Denn so ist die innere Struktur der Filmsubstanz.

Sprachgebärde und Gebärdensprache

Darf man die Ausdrucksbewegung und überhaupt das Visuelle als ganz spezielles Material der Filmkunst betrachten? Der Schauspieler auf dem Theater spielt ja auch mit seinem Körper, und die Dekorationen der Bühne sind für das Auge da.

Doch es sind andere Mienen und andere Gebärden, die der sprechende Schauspieler hat. Sie drücken nur den Rest aus. *Was gesagt werden soll*, aber in die Worte nicht mehr hineingeht, das wird mit den Gesichtsmuskeln und den Händen noch dazugegeben.

Das Mienenspiel im Film ist jedoch keine Drangabe und kein Restenzusatz, und dieser Unterschied bedeutet nicht nur, daß die Filmgebärde ausführlicher und deutlicher ist, sondern daß sie in einer ganz anderen Sphäre liegt. Denn der Sprechende fördert eine andere Schichte der Seele ans Licht als zum Beispiel der Musiker oder der Tänzer. Auf die Sprache eingestellt, kommen seine Gesten, mit denen er die Worte begleitet, von dort, woher seine Worte kommen. Als optische Erscheinung mögen sie den Gebärden des Tänzers noch so ähnlich sein, es ist ein anderer Geist, den sie enthalten. Die Gebärden des Sprechers haben denselben Seeleninhalt wie seine Worte, denn die Dimensionen der Seele lassen sich nicht mischen. Sie meinen bloß Worte, die noch ungeboren sind.

Die Gebärden des Tänzers kommen aber anderswoher und haben einen anderen Sinn. Sie sind ein eigener Ausdruck einer eigenen Seele und darum ein eigenes Material einer eigenen Kunst. Sie sind den Gesten des Sprechers ebenso unverwandt wie seinen Worten.

Ich will noch ein Gleichnis anführen. Jede Sprache hat ein musikalisches Element und jedes Wort seine Melodie. Doch diese Melodie der Sprache – obwohl im Akustischen der wirklichen Musik ähnlich – bedeutet keine innere Musik. Sie trägt die Atmosphäre der Begriffe und dient zu rationeller Nuancierung. Musik ist aber nicht nur eine akustische Angelegenheit, sondern ein eigenes Gebiet der Seele. Nun, Miene und Gebärde sind auch nicht nur eine optische Angelegenheit.

Doch ich sprach vom Tänzer. Aber der Schauspieler auf dem Film tanzt ja nicht. Trotzdem ist er auch nicht auf das Wort eingestellt und erscheint uns nicht in der rationellen Dimension der Begriffe. Zwischen der Gestikulation des Sprechers und den dekorativen Ausdrucksbewegungen des Tänzers scheint es eben noch eine dritte Ausdrucksform zu geben, die einer eigenen Innerlichkeit entspricht. *Die Gebärdensprache* des Films ist von den *Sprachgebärden* des Theaters geradeso prinzipiell verschieden wie vom Tanz.

Die sichtbare Sprache

Aber der Schauspieler auf dem Film spricht ja geradeso wie auf dem Theater. In den Gebärden ist dabei gar kein Unterschied. Wir hören ihn bloß nicht.

Aber wir *sehen* ihn sprechen. Das macht den großen Unterschied aus. Auf dem Theater, wo wir vor allem auf die Worte horchen, bemerken wir das Sprechen als Ausdrucksbewegung, als Mienenspiel des Mundes und des ganzen Gesichtes nicht. Auf dem Theater ist auch meistens daran nichts zu bemerken. Denn das akustische Gebilde des Wortes ist der Zweck, und die Bewegung des Mundes nur das Mittel zu einem Ausdruck, das selbst nichts bedeuten will.

Auf dem Film aber ist das Sprechen ein Mienenspiel und unmittelbar-visueller Gesichtsausdruck. Wer das Sprechen *sieht*, erfährt ganz andere Dinge als jener, der die Worte hört. Auch während des Sprechens kann der Mund oft viel mehr zeigen, als seine Worte sagen können.

Darum verstehen wir auf dem Film amerikanische, französische, norwegische Schauspieler ganz gleich gut. Denn wir wissen, was es heißt, daß einer zwischen zusammengepreßten Zähnen die Worte knirschend zermalmt oder sie mit schwerer Zunge trunken lallt oder mit Verachtung wie Speichel aus dem Munde spuckt oder zwischen schnippisch gespitzten Lippen sie wie Stachel herausläßt. Wir verstehen diese Sprachgebärden, auch wenn sie von chinesischen Worten begleitet sind.

Sobald uns aber das Akustische einfällt, weil wir sehen, wie der

Mund die Vokale formt, dann ist es mit der mimischen Wirkung aus. Dann merken wir erst, daß wir den Schauspieler nicht hören, was uns bisher gar nicht aufgefallen ist, und er wird auf uns den Eindruck eines Stummen machen, der mit grotesker Anstrengung sich verständlich machen will.

Der gute Filmschauspieler spricht ganz anders als der gute Bühnenschauspieler. Er spricht für das Auge deutlich und nicht für das Ohr. Aber diese beiden Deutlichkeiten scheinen sich nicht vereinen zu lassen. Wie unabhängig die sichtbare Sprache des Mundes von der hörbaren ist, das zeigt sich auf die groteskeste Weise, wenn ausgezeichnete Filmschauspieler während der Aufnahme als Textersatz den lächerlichsten Blödsinn zusammenreden. Doch auf dem Film ist der Anblick ihres Sprechens erschütternd.

Die stumme Kunst und die Kunst des Schweigens

Das Schweigen in der Pantomime ist anders. Die Pantomime ist nicht nur für das Ohr, sondern auch für das Auge stumm. Keine stumme Kunst, sondern eine Kunst der Stummheit. Sie ist das Traumland des Schweigens. Der Film aber ist nur lautlos. Es ist nicht die Seele des Schweigens, die er uns offenbart. (Wie etwa die Musik, die trotz ihrer Töne dennoch aus dieser Welt des Schweigens kommt.)

Wenn im Film eine Pantomime aufgeführt wird, so ist dieser Unterschied klar zu sehen. Ringsherum sitzen die Zuschauer regungslos. In der Mitte mag die Pantomime in wildester Bewegtheit aufgeführt werden, immer werden die Tänzer vom Leben entrückter und relativ starrer erscheinen als ihre bewegungslosen Zuschauer. Denn diese sind trotzdem von unserer Welt.

Es ist ein schlechter Regisseur, der den Film mit der Pantomime verwechselt und seine Figuren zuviel schweigen läßt. Denn das Schweigen ist auch nicht nur eine Sache der Akustik, sondern eine sehr prägnante und auffallende Ausdrucksbewegung für das Auge, die im Film immer ihre gelegentliche und besondere Bedeutung hat. Und das Sprechen gehört zu den stärksten mimischen Ausdrucksmitteln, die der Film besitzt.

In einem Film (*Die Galgenhochzeit*) will Asta Nielsen ihren Geliebten aus dem Gefängnis befreien. Sie kommt zu ihm, die Türen stehen offen, aber nur für wenige Minuten. Es ist keine Zeit zu verlieren. Der Geliebte liegt aber apathisch am Boden und rührt sich nicht. Asta Nielsen ruft ihn, einmal, zweimal. Er rührt sich nicht. Da fängt sie an, in rasender Hast auf ihn einzusprechen. Was sie sagt, das wissen wir nicht. Offenbar immer dasselbe: er möge doch kommen, denn die Zeit vergeht. Aber in diesem Sprechen ist eine bebende Angst, eine irrsinnige Verzweiflung, wie sie mit hörbaren Worten nie auszudrücken wäre. Dieses Sprechen ist *ein Anblick*, wie wenn sie sich die Haare ausraufte oder die Haut vom Gesicht kratzte. Sie spricht lange. Die Worte hätten uns schon langweilen müssen. Die Gebärden werden immer aufregender.

Das Drehbuch

Aus all dem wird es klar sein, daß das Drehbuch, auf Grund dessen ein Film gemacht wird, kein Erzeugnis der literarischen Phantasie sein darf. Es bedarf einer ganz speziellen naiv-konkreten Phantasie, die man nicht erst ins Visuelle umzusetzen braucht. Es muß mit der Vision des Regisseurs erdacht sein. Überhaupt kann ein Film nur dann wirklich gut werden, wenn der Regisseur ihn selber »dichtet« und aus seinem Material heraus gestaltet. Auch ein Musiker kann niemals komponieren, was sich ein Dichter ausgedacht hat. Die Klangmöglichkeiten seiner Instrumente, Stoff und Technik sind seine Musen. Auch für den Regisseur liegt im schwarz-weißen Schattenspiel, wie im Felsblock für Michelangelo, schon alles enthalten, was er nur herauszuschälen hat. Darum kann auch das beste Drehbuch dem Regisseur nicht genügen. Gerade das Wesentliche wird es nie enthalten, weil es trotz allem nur Worte hat. Aber das Material muß seinen Willen zeigen.

Typus und Physiognomie

Motto: »Denn es ist nie ein Tier gewesen, das die Gestalt des einen und die Art des anderen gehabt hätte, aber immer seinen eigenen Leib und seinen eigenen Sinn. So notwendig bestimmt jeder Körper seine Natur. Wie denn auch jeder Kenner die Tiere nach ihrer Gestalt beurteilt. Wenn das wahr ist, wie's denn ewig wahr bleibt, so gibt's eine Physiognomik«.

(Aristoteles in Goethes »Physiognomischen Fragmenten«)

Schon mit der Auswahl der Schauspieler »dichtet« der Filmregisseur und gibt seinen Gestalten die entscheidende, die wesentlichste Substanz. Auf dem Theater bekommt der Regisseur seine Figuren und Charaktere im Text des Dramas fertig und hat nur *einen Darsteller* zu suchen, der dem Bild, das die Worte des Dramas geben, entspricht. Auf dem Theater charakterisieren die Figuren sich *und einander* mit ihren Worten.

Auf dem Film ist es *ihr Aussehen*, welches vom ersten Moment an ihren Charakter für uns bestimmt. Der Filmregisseur hat nicht einen »Darsteller«, sondern den Charakter selbst auszusuchen, und der Regisseur ist es, der mit seiner Auswahl die Gestalten schafft. So wie er sie sich vorstellt, so werden sie dem Publikum erscheinen, das keine Möglichkeit eines Vergleiches oder einer Kontrolle hat.

Da der Filmschauspieler alles, Rassencharakter sowie individuellen, mit seinem Äußern darzustellen hat, muß sein Spiel dadurch entlastet werden, daß man einen Schauspieler wählt, der den Rassencharakter nicht erst zu spielen braucht, sondern ihn von vornherein besitzt und sich ganz und unbefangen auf das persönliche Detail konzentrieren kann. Dieser wird nicht übertreiben müssen und nicht auf eine Reihe stereotyper Gebärden achten müssen wie auf eine Perücke, die zu locker auf dem Kopfe sitzt. Die nötigen Gebärden sind ihm eben angewachsen, und sein Spiel hat das Gewicht der selbstverständlichen Existenz.

Der Film kann richtige Theaterschauspieler, welche die verschiedensten Charaktere darzustellen gewohnt sind, nur im seltensten Falle gut gebrauchen. Denn der Film verträgt eine Masierung viel weniger als das Theater (die Großaufnahmen entlarven alles Falsche!). Und die meisten Schauspieler haben eben nur ein »Schauspielergesicht«. Es ist immer derselbe Typus, der auch durch die täuschendste Maskierung und in jedem Kostüm zu erkennen ist wie ein Offizier in Zivil.

Gefahren der Prägnanz

Dabei darf die ausgewählte Gestalt auch kein zu prägnanter Typus sein, damit ihr bloßes Aussehen »auf den ersten Blick« ihr nicht den zu starren Charakter einer geschnitzten Figur gibt. Die Anatomie muß einen Spielraum für die Physiognomie übrig lassen, sonst wird die Gestalt im starren Panzer eines einmaligen und unbeweglichen Charakters unfähig, äußere und innere Wandlungen darzustellen. (Ein häufiger Fehler amerikanischer Regisseure, die auf die Auswahl prägnanter Typen ganz besonderes Gewicht legen.)

Freilich kann dieses Angefrorensein des Grundcharakters an das Gesicht bei grotesker und komischer Absicht einen ganz besonderen Reiz haben.

Kleider und andere Symbole

Das richtige Maß dieser Typisierung zu treffen, ist nicht leicht und gehört zu den heikelsten Aufgaben des Regisseurs. Denn jeder Charakter muß auch in seiner Kleidung typisiert werden. Beim Film urteilen wir ausschließlich nach dem Äußeren, und weil uns keine Worte Aufschluß geben, muß jeder Charakter seine Symbole an sich tragen, sonst werden wir die Bedeutung seines Handelns nicht verstehen. Denn dieselbe Tat kann gut und böse gemeint sein. Wir müssen es eben dem Menschen ansehen, wie er sie meint. Die Kostümierung im Film hat, wenn auch in viel diskreterer Form, immer die entscheidende Bedeutung wie die Kostüme des Bajazzo, Pantalone und Harlekin in alten Pantomimen oder, wenn man will, der noch älteren japanischen oder griechischen Theatermasken. Sie zeigen uns von vornherein den Charakter an.

Freilich wirkt dies in einem naturalistischen Milieu oft als groteskes Vorurteil, und man spottet genug über den aufgestülpten Rockkragen, der immer einen Strolch, und die Zigarette, die im Munde einer Frau immer Verkommenheit bedeutet.

Aber man spottet nicht immer mit Recht. Jede Kunst arbeitet mit solchen Symbolen. Sie sind oft unbewußte Traditionen und Übereinkommen ganz allgemeiner Art wie das Schwarz als Trauer und das Weiß als Unschuldszeichen. Man halte sich dabei nicht weiter auf. Sie dienen nur als verkürztes Verfahren zur allgemeinen Information und nicht zur eigentlichen Charakterisierung der Personen.

Das typische Äußere kann aber viel mehr bedeuten als das symbolische Zeichen einer Kaste. Gerade im Film muß es zum unmittelbaren Ausdruck des individuellen Charakters gestaltet werden. Menschen einer »verinnerlichten«, begrifflichen Kultur der Worte haben einen Widerwillen dagegen, dem Äußeren so große Bedeutung beizumessen. Aber der Schauspieler, der nicht spricht, wird in seinem ganzen Körper zu einer homogenen Ausdrucksfläche, und jede Falte seines Kleides bekommt die Bedeutung, die eine Falte in seinem Gesicht hat. Wir werden ihn, wenn auch unbewußt, nach seinem Äußeren beurteilen, ob es der Regisseur beabsichtigt hat oder nicht.

Goethe über den Film

Es sei gestattet, hier einige Zeilen aus Goethe abzudrucken, der in seinen »*Beiträgen zu Lavaters physiognomischen Fragmenten*« schon soviel Ausgezeichnetes über unser Thema geschrieben hat.

»Was ist das Äußere am Menschen? Wahrlich, nicht seine nackte Gestalt, unbedachte Gebärden, die seine inneren Kräfte und deren Spiel bezeichnen! Stand, Gewohnheit, Besitztümer, Kleider, alles modifiziert, alles verhüllt ihn. Durch alle diese Hüllen bis auf sein Innerstes zu dringen, selbst in diesen fremden Bestimmungen feste Punkte zu finden, von denen sich auf sein Wesen schließen läßt, scheint äußerst schwer, fast unmöglich zu sein. Nur getrost! Was den Menschen umgibt, wirkt nicht allein auf ihn, er wirkt auch wieder zurück auf selbiges, und indem er sich modifizieren läßt, modifiziert er wieder rings um sich her. So lassen Kleider und Hausrat eines Mannes sicher auf den Charakter schließen. Die Natur bildet den Menschen, er bildet sie um, und diese Umbildung ist doch wieder natürlich; er, der sich in die große, weite Welt gesetzt sieht, umzäunt, ummauert sich eine kleine drein und staffiert sie aus nach seinem Bilde.«

Dazu ist nichts weiter zu sagen. Außer dieses: die allgemeine

Physiognomie eines Gesichtes ist in jedem Moment durch ein Mienenspiel variierbar, das den allgemeinen Typus zu einem besonderen Charakter macht. Die Physiognomie der Kleidung und der unmittelbaren Umgebung ist nicht so beweglich. Es gehört also eine ganz besondere Vorsicht, ein ganz besonderer Takt dazu (leider allzuseltene Qualitäten), diesem stabilen Hintergrund nur solche Züge zu geben, die den lebendig bewegten Gebärden nie widersprechen.

Von der Schönheit

Ein Filmstar hat schön zu sein. Diese Forderung, die den Theaterschauspielern gegenüber nie so allgemein und unbedingt gestellt wird, ist auch ein Ding, das unsere Literaten und Ästheten mit Mißtrauen erfüllt. Da sieht man, meinen sie, daß es beim Film nicht auf die Seele und den Geist ankommt, nicht auf das Bedeutsame, nicht auf wirkliche Kunst. Das rein Äußerliche, die leere Dekorativität entscheidet.

»Nur getrost!« – sagte Goethe. Der Film kennt kein *»rein«* Äußerliches und keine *»leere«* Dekorativität. Eben weil im Film alles Innere an einem Äußeren zu erkennen ist, darum ist auch *an allem Äußeren ein Inneres* zu erkennen. Auch an der Schönheit.

Beim Film wirkt die Schönheit der Gesichtszüge als physiognomischer Ausdruck. Anatomische Form wirkt als Miene. Das Kantsche Wort: »Die Schönheit ist das Symbol des Guten« verwirklicht sich im Film. Wo nur das Auge urteilt, wird Schönheit zum Zeugnis. Der Held ist äußerlich schön, weil er es innerlich ist. (Dabei kann die luziferische Schönheit des Bösen wie die Gottähnlichkeit des Antichrist ganz besonders unheimliche Wirkungen erzielen.)

Trotzdem ist die große Schönheit auch eine dekorative Sache, ein Ornament für sich, das vom Menschen, der es trägt, ein manchmal fast unabhängiges Leben lebt. Und dieses Leben lebt nicht in der Bewegung. »Je hais le mouvement, qui déplace les lignes«, sagt die »Beauté« Baudelaires. Und es gibt Schönheiten (amerikanische Filme leiden oft darunter), deren Formen das Mienenspiel aufsaugen. Die Anatomie des Gesichts ist so leuchtend, daß seine Physiognomie fast unsichtbar wird. Es schleppt seine Schönheit wie eine harte Maske. Und es ist auch wahr, daß die allergrößten Filmschauspielerinnen, wie Asta Nielsen oder

Pola Negri, nichts weniger als schön sind. So ist eben die Auswahl des Typus auch in dieser Hinsicht eine höchst heikle Sache.

Das eigene Gesicht

Nein, nicht unser *ganzes* Gesicht ist unser eigen. Was in unseren Zügen Gemeingut der Familie, der Rasse und der Klasse ist, das ist bei bloßem Anschauen gar nicht zu unterscheiden. Und doch gehört es zu den interessantesten und psychologisch bedeutsamsten Fragen: wieviel ist Typus und wieviel ist Individualität, wieviel ist Rasse und wieviel Persönlichkeit im Menschen? Dieses Verhältnis in der Seele darzustellen, haben schon manche Dichter versucht. Dieses Verhältnis ist aber in der Physiognomie und in den Gebärden des Menschen viel deutlicher sichtbar und mittels des Films viel präziser und klarer zu erfassen als mit den feinsten Worten. Und hier hat der Film eine Mission, die weit über das Künstlerische hinausgeht und der Anthropologie und der Psychologie unschätzbares Material liefern kann.

Fremde Rassen

Ungeheuer interessant sind darum Filme, in denen Menschen fremder Rasse, etwa Neger, Chinesen, Indianer, Eskimos, spielen. Dort wird es zuweilen deutlich sichtbar, welche Mienen es sind, die sich nicht mit der Person, sondern mit der Rasse ändern. Außerdem wirken bei fremden Rassen gewisse Urformen der Physiognomie, die wir an unseresgleichen schon gar nicht bemerken, noch mit frischer Bedeutsamkeit. Das Seltsamste und Unheimlichste sind aber Mienen, die wir anfangs gar nicht verstehen, weil wir ähnlichen Gesichtsausdruck noch nie gesehen haben.

Einen unvergeßlichen Eindruck machte einmal das Mienenspiel einer indianischen Schauspielerin auf mich, die in ihrer verzweifelten Trauer um ihr totes Kind immerfort lächelte. Dieses Lächeln, als man endlich – es dauerte nicht lange – den Ausdruck des Schmerzes darin erkannte, wirkte mit der ergreifenden Intensität einer unverbrauchten Gebärde, an der gar nichts Traditionelles und Schematisches haftete, und war nicht mehr Zeichen und Symbol eines Schmerzes, sondern sein plötzliches, nacktes Erscheinen.

Doch das größte Geheimnis dabei ist dies: Wie ist es möglich, daß man ein *Mienenspiel* versteht, das *man nie vorher gesehen hat?* Wir werden dieses Geheimnis wie auch die anderen der Physiognomie nie ergründen können, solange wir innerhalb eines physiognomischen und mimischen Systems bleiben. Wie auch die Philologie nur mit der vergleichenden Sprachforschung die Gesetze der Sprache aufdeckt, so müßte mit Hilfe des Films Material für eine vergleichende physiognomische Forschung herbeigeschafft werden.

Seele und Schicksal

Das Gesicht des Menschen trägt beides. In diesem sichtbaren Verhältnis, in diesem Wechselspiel der Gesichtszüge ringen Typus und Persönlichkeit, Ererbtes und Erworbenes, Fatum und eigener Wille, das »Es« und das »Ich« miteinander. Tiefste Geheimnisse des innersten Lebens werden hier offenbar, und das ist aufregend zu sehen wie bei der Vivisektion das Schlagen eines Herzens.

Und hier bekommt das Bild auch eine Tiefendimension. Denn das Gesicht kann auf den ersten Blick anders scheinen, als es in Wirklichkeit ist. Zuerst sieht man den Typus. Doch dieser kann wie eine durchschimmernde Maske ein ganz anderes verborgenes Gesicht allmählich durchblicken lassen. Es gibt ja schlechte Individuen einer edlen Rasse und umgekehrt. Und wir sehen auf dem Gesicht – wie auf einem offenen Schlachtfeld – das Ringen der Seele mit seinem Schicksal, wie es uns keine Literatur darstellen kann.

Ähnlichkeit und der Doppelgänger

Die Ähnlichkeit ist immer die einzige Möglichkeit, die ganz feinen und tiefliegenden Unterschiede zu erkennen. Das ist der besondere Reiz an der Darstellung verschiedener Charaktere mit sehr ähnlichem Äußeren, wie es etwa bei Geschwistern der Fall sein kann. Da kann man es dann haarscharf sehen, wo sich die Seele von der Natur löst und die Individualität einsetzt. Welche Aufgabe für einen Schauspieler, beide Gestalten zu spielen! Eine wunderbare technische Möglichkeit des Films für die Doppelgängerpoesie, die zu den bedeutendsten Motiven der Dichtung gehört und im Film durch die *sichtbare* Ähnlichkeit eine spannende Realität bekommt, wie sie keine Literatur hervorbringen kann.

Das Reizvolle der Doppelgängergeschichten liegt in der Möglichkeit, auch ein »anderes Leben« als das eigene leben zu können. Denn daß man nur *ein* Leben auf einmal leben kann, ist ein schweres Unrecht. Eingesperrt in mein Ich, werde ich nie erfahren, wie andere in die Augen anderer schauen, wie andere geküßt werden. Vergebens gehe ich unter fremde Leute. Ich nehme mich überallhin mit, und jede Äußerung der anderen gilt doch immerhin nur mir. Ich müßte denn verwechselt werden!

Hier liegt der unsagbare Reiz, unerkannt das Leben eines anderen, eines Doppelgängers leben zu können. Hier liegt die Möglichkeit tiefster Psychologie: Wie bin ich ein anderer und doch ich selbst? Und hier wird sich erweisen, wieviel an dem Äußeren und selbst an dem Gesicht eines Menschen *nur der Reflexschein* der Umgebung ist und nur wie der Reif der Atmosphäre sich ankristallisiert hat. Das ist das spezifisch Filmmäßige an diesem Thema. Die Physiognomie des eigensten, innersten Charakters wird wie in einem scharfen Scherenschnitt von seiner zufälligen Atmosphäre gelöst.

Das Mienenspiel

Es gab einmal einen französischen Film, in dem Suzanne Després die Hauptrolle spielte, obzwar sie in der »Handlung« gar nicht mittat. Der Film war so: In einem kurzen Vorspiel sehen wir eine Bettlerin bei ihrem sterbenden Kind verzweifelt das Schicksal beschwören. Da erscheint der Tod und sagt der Mutter: »Ich werde dir das vorbestimmte Leben deines Kindes zeigen. Schau zu. Und wenn du dann noch wünschen wirst, daß es am Leben bleibe, so sei's denn.« Und dann beginnt der eigentliche Film, das Schicksal des Kindes, eine banale, nichtssagende Geschichte. Doch die Mutter, Suzanne Després, sieht zu. In der linken Ecke der Leinwand sehen wir das Gesicht der Suzanne Després, die dem Film zusieht wie wir und mit ihrem Mienenspiel die Abenteuer ihres Kindes begleitet. Wir sehen anderthalb Stunden lang dem Spiel eines Gesichtes zu, in dem Hoffnung, Angst, Freude, Rührung, Trauer, Mut, weißglühender Glaube und schwarze Verzweiflung flackern. Auf diesem Gesicht spielt sich das eigentliche Drama ab, der wesentliche Inhalt des Films. Die »Geschichte« gab nur den Anlaß dazu.

Und das Publikum, ein ganz primitives Publikum, wurde nicht müde, anderthalb Stunden lang diesem Mienenspiel zuzuschauen. Die Gaumont-Gesellschaft wußte, warum sie Suzanne Després für diese Rolle die große Gage zahlte. Denn das Publikum und die Filmgeschäftsleute haben es schon heraus, was unsere Ästheten und Literaten noch nicht bemerkt haben, daß es im Film *nicht auf das Epische, sondern auf das Lyrische ankommt.*

Die Epik der Empfindungen

Das Mienenspiel drückt Empfindungen aus, es ist also Lyrik. Es ist eine Lyrik, die in ihren Ausdrucksmitteln unvergleichlich reicher und differenzierter ist als jede Literatur. Um wieviel mehr Mienen gibt es als Worte! Um wieviel präziser kann ein Blick jede Schattierung eines Gefühls ausdrücken als eine Beschreibung! Um wieviel persönlicher ist ein Gesichtsausdruck als das Wort, welches auch andere gebrauchen! Um wieviel konkreter und eindeutiger ist die Physiognomie als der immer abstrakte und allgemeine Begriff!

Hierin liegt die eigentlichste und tiefste Poesie des Films. Wer einen Film nur nach dem Fabelhaften beurteilt, der kommt mir vor wie einer, der von einem Liebesgedicht meint: »Was sagt er denn eigentlich Besonderes? Sie ist schön, er liebt sie!« Oft ist in ganz wunderbaren Filmen nicht viel mehr gesagt. Doch dieses auf eine Art und Weise, wie es Verse nicht zu sagen vermögen.

Das hat zwei besondere Gründe. Es kommt daher, daß die Bedeutung der Worte teils zeitgebundener ist als die des Mienenspiels und teils im notwendigen Nacheinander der Worte keine gleichzeitige Harmonie, kein Akkord ihrer Bedeutungen entstehen kann. Das will ich ausführen.

In irgendeinem Film schaut Asta Nielsen zum Fenster hinaus und sieht jemanden kommen. Ein tödlicher Schreck, ein versteinertes Entsetzen erscheint auf ihrem Gesicht. Doch sie erkennt allmählich, daß sie schlecht gesehen hat und der sich Nähernde kein Unglück, sondern im Gegenteil größtes Glück für sie bedeutet. Und aus dem Ausdruck des Entsetzens wird langsam, allmählich durch die ganze Skala von zagem Zweifeln, banger Hoffnung, vorsichtiger Freude hindurch die Ekstase des Glücks. Wir sehen dieses Gesicht etwa zwanzig Meter lang in Großaufnahme. Wir sehen jeden Zug um Augen und Mund sich einzeln lösen, lockern und langsam verändern. Minutenlang sehen wir die organische *Entwicklungsgeschichte ihrer Gefühle* und nichts weiter. Ja, das ist eine Geschichte, die wir sehen. Das ist die spezielle Filmlyrik, die eigentlich eine Epik der Empfindungen ist.

Solche Gefühlsentwicklung kann die Wortlyrik nicht darstellen. Denn jedes Wort kann nur ein abgegrenztes Stadium bedeuten, wodurch ein Stakkato von isolierten psychischen Momentaufnahmen entsteht. Ein Wort muß eben zu Ende gesprochen werden, bis das neue anfängt. *Eine Miene muß aber noch nicht zu Ende sein, wenn die andere schon in sie hineindringt*, sie ganz allmählich aufsaugt. In dem Legato der visuellen Kontinuität spielt die vergangene und die kommende Miene noch und schon in die gegenwärtige hinein und zeigt uns nicht nur die einzelnen Seelenzustände, sondern den geheimnisvollen Prozeß der Entwicklung selbst. Darum gibt der Film etwas ganz Besonderes durch diese Epik der Empfindungen.

Die Gefühlsakkorde

Der Gesichtsausdruck ist überhaupt polyphoner als die Sprache. Das Nacheinander der Worte ist wie das Nacheinander der Töne einer Melodie. Doch in einem Gesicht können die verschiedensten Dinge *gleichzeitig* erscheinen wie in einem Akkord, und das Verhältnis dieser verschiedenen Züge zueinander ergibt die reichsten Harmonien und Modulationen. Das sind die Gefühlsakkorde, deren Wesen eben in der Gleichzeitigkeit besteht. Diese aber ist mit Worten nicht auszudrücken.

Pola Negri spielte einmal Carmen. Sie kokettiert mit dem trotzigen José und ihre Mienen sind froh und unterwürfig zugleich, denn es tut ihr wohl, sich ein wenig demütigen zu müssen. Doch im Moment, da José ihr zu Füßen fällt und sie die hilflose Schwäche des Verliebten sieht, wird ihr Gesicht *überlegen* und *traurig* zugleich, und zwar in einer einzigen Miene, in der diese verschiedenen Elemente nicht auseinanderzuhalten sind und sozusagen aufeinander abfärben. Es ist ihre schmerzliche Enttäuschung, die stärkere zu sein. Das Weib hat die Schlacht verloren, da es Siegerin geworden. Aber in solchen Worten zerbröckelt der *eine* Ausdruck. Und wenn man schon zu sprechen anfängt, sagt man etwas anderes.

Oder ihre Sterbeszene, als José sie ersticht! Sie streichelt den Arm ihres Mörders mit einer seltsam-zärtlichen Wehmut. In dieser Gebärde ist zu sehen: sie liebt ihn lange nicht mehr. Aber sie kann es so gut verstehen, daß er sie erstochen hat. Es ist, als wenn sie sagen würde: »Sei mir nicht böse. Arme, gehetzte Sklaven der Liebe sind wir alle miteinander. Ich habe dich zugrunde gerichtet, du hast mich getötet. Wer kann dafür? Jetzt werden wir endlich Ruhe haben ...« Aber in Worten und Sätzen ausgebreitet, wird es flach, was als eine Miene, ein Anblick, abgründige Tiefen hat.

Das Tempo der Gefühle

Lillian Gish in *Mädchenlos* spielt ein verführtes, vertrauensseliges Mädchen. Als der Mann ihr sagt, daß er sie genarrt und betrogen hat, da kann sie ihren Ohren nicht trauen. Sie weiß, es ist wahr, und will glauben, es sei nur ein Scherz. Und im Ablauf von fünf Minuten lacht sie und weint sie abwechselnd mindestens zehnmal hintereinander.

Die Stürme zu beschreiben, die über dieses kleine, bleiche Gesichtchen jagen, brauchte man viele gedruckte Seiten. Diese zu lesen, würde viel Zeit in Anspruch nehmen. Aber das Wesen dieser Empfindungen liegt gerade im irrsinnigen Tempo ihres Wechsels. Das Wesen der Wirkung dieses Mienenspiels liegt darin, *daß es das Originaltempo der ausgedrückten Gefühle darstellt.*

Das ist auch etwas, wozu das Wort nicht fähig ist. Denn die Beschreibung eines Gefühlsmomentes hat immer eine andere Dauer als dieses selbst. Der Rhythmus unserer inneren Bewegtheit muß in jeder literarischen Darstellung verlorengehen.

Die sichtbaren Möglichkeiten und die Moral der Physiognomie

Emil Jannings spielt in einem Film (*Alles für Geld*) einen Raffke, einen Schieber ordinärster Sorte. Er ist in jeder Miene, in jeder Gebärde ein Blutsauger, ein unerbittlicher Halsabschneider. Und dennoch! Irgendwie ist er und bleibt er sympathisch. Irgend etwas ist in diesem Gesicht, was wir zu lieben nicht umhin können. Es ist eine Naivität, es ist das ewig Kindliche, das hinter all seinen schmutzigen Mienen *gleichzeitig* als heimliche Reinheit da ist und uns die Möglichkeit einer Güte fühlen läßt. Am Ende des Stückes kommt dieses bessere Ich zum Vorschein. Aber daß wir es in seinen gemeinsten Gesichtsausdrücken von vornherein sehen konnten, ist wieder ein Wunder der polyphonen Physiognomie.

Ein guter Filmschauspieler bereitet uns nie Überraschungen. Da der Film keine psychologischen Erklärungen zuläßt, muß die Möglichkeit jeder seelischen Wandlung im Gesicht von vornherein sichtbar sein. Das Spannende ist dann gerade, einen verborgenen Zug, etwa um den Mundwinkel, zu entdecken und zu sehen, wie aus diesem Keim der neue Mensch sich über das ganze Gesicht entfaltet. Das Hebbelsche Wort: »Was aus einem werden kann, das ist er schon« kann und muß darum im Film zur physiognomischen Wirklichkeit werden.

In solcher sichtbaren Verborgenheit eines tieferen Gesichtes liegt auch die moralische Bedeutsamkeit der Physiognomie. Denn einfach mit gut und böse ist der Mensch auch im Film nicht abgetan. In der Dichtung kann aber das moralische Inkognito des Menschen nur gezeigt werden, indem man seine Maske lockert oder fallen läßt. Das Rührende und Aufregende bei der Physiognomie ist aber auch hier die Gleichzeitigkeit, daß wir im Ausdruck des Bösen selbst das Gute erkennen können. Wie durch die Augenöffnungen einer Maske berührt uns aus manchem Gesicht ein tieferer Blick.

Darin liegen viele Möglichkeiten der Spannung für den Film. Man zeigt einen Menschen als Schurken und Bösewicht in jeder Tat. Aber sein Gesicht sagt uns, er kann es doch nicht sein. Aus diesem Widerspruch entsteht für den Zuschauer ein Problem, auf dessen Lösung man ungeduldig warten wird, und die Gestalt bekommt jene besondere Lebendigkeit, die nur das Rätselhafte geben kann.

Das Drama des Mienenspiels

Das Mienenspiel kann im Film nicht nur als lyrischer Ausdruck dienen. Es gibt Möglichkeiten, auch die äußere dramatische Handlung rein physiognomisch darzustellen. Allerdings ist das eine Höhe, die der Film heute noch sehr selten erreicht. Ich will gleich ein Beispiel anführen. In einem Film von Joe May (*Die Tra-*

gödie der Liebe) kommt ein regelrechtes physiognomisches Duell vor. Der Untersuchungsrichter sitzt dem Angeklagten gegenüber. Was sie miteinander reden, ist überhaupt nicht mitgeteilt. Aber beide verstellen sich und verbergen ihr eigentliches Gesicht hinter gemachten Mienen. Und einer will hinter die Maske des anderen kommen. Und indem sie mit Mienen angreifen und Mienen parieren, will jeder beim Gegner (wie man etwa mit schlauen Worten dem anderen ein Wort entlocken möchte) einen verräterischen Gesichtsausdruck provozieren.

So ein Duell der Mienen ist viel aufregender als ein Wortgefecht. Denn ein Wort kann man zurückziehen und umdeuten. Und kein Wort entblößt einen so tödlich-nackt wie ein Gesichtsausdruck.

In einem wirklich künstlerischen Film wird die dramatische Entscheidung zwischen zwei Menschen immer in der Großaufnahme eines solchen Mienendialogs dargestellt werden.

Die Großaufnahme

Ich spreche hier von Physiognomie und Mienenspiel, als wären sie eine Spezialität und ein Monopol des Films, und doch spielen sie ja auf dem Theater auch eine entscheidende Rolle. Doch nicht zu vergleichen mit der Bedeutung, die das Mienenspiel auf dem Film hat. Erstens: weil wir, auf die Worte horchend, uns auf die Physiognomie nicht konzentrieren (weder wir, noch der Schauspieler) und nur die rohesten schematischsten Mienen merken. Zweitens: weil der Schauspieler, der für das Ohr deutlich sprechen muß, die spontanen Ausdrucksbewegungen des Mundes und damit des ganzen Gesichtes beeinträchtigt. Drittens: weil wir auf der Theaterbühne – schon aus technischen Gründen – ein Gesicht nie so nahe, so lange, so detailliert und intensiv betrachten können wie in den Großaufnahmen des Films.

Die Großaufnahme ist die technische Bedingung der Kunst des Mienenspiels und mithin der höheren Filmkunst überhaupt. So nahe muß uns ein Gesicht gerückt sein, so isoliert von aller Umgebung, welche uns ablenken könnte (auch eine technische Unmöglichkeit auf der Bühne), so lange müssen wir bei seinem Anblick verweilen dürfen, um darin wirklich lesen zu können. Der Film fordert eine Feinheit und Sicherheit des Mienenspiels, wie es sich der Nur-Bühnenschauspieler nicht träumen läßt. Denn in der Großaufnahme wird jedes Fältchen des Gesichtes zum entscheidenden Charakterzug, und jedes flüchtige Zucken eines Muskels hat ein frappantes Pathos, das große innere Ereignisse anzeigt. Die Großaufnahme eines Gesichtes, sehr häufig als Schlußeffektbild einer großen Szene gebracht, muß ein lyrischer Extrakt des ganzen Dramas sein. Wenn so ein plötzlich für sich allein erscheinendes großes Gesicht nicht sinnlos aus dem Rahmen fallen soll, dann müssen wir in seinen Zügen die Zusammenhänge mit dem Drama erkennen. Es wird sich in ihm reflektieren, wie sich auch in einem kleinen Teich alle großen Berge spiegeln, die ihn umgeben. Auf dem Theater ist selbst das bedeutendste Gesicht immer nur als ein Element im Ganzen des Dramas enthalten. Auf dem Film aber, wenn sich in der Großaufnahme ein Gesicht auf die ganze Bildfläche ausbreitet, wird für Minuten das Gesicht »das Ganze«, in dem das Drama enthalten ist.

Die Großaufnahme

Die Großaufnahmen sind das eigenste Gebiet des Films. In den Großaufnahmen eröffnet sich das Neuland dieser neuen Kunst. Es heißt: »das kleine Leben«. Doch auch das größte Leben besteht aus diesem »kleinen Leben« der Details und Einzelmomente, und die großen Konturen sind meist nur das Ergebnis unserer Unempfindlichkeit und Schlamperei, mit der wir das Einzelne verwischen und übersehen. Das abstrakte Bild des großen Lebens kommt meist von unserer Kurzsichtigkeit.

Doch die Lupe des Kinematographs bringt uns die einzelnen Zellen des Lebensgewebes nahe, läßt uns wieder Stoff und Substanz des konkreten Lebens fühlen. Sie zeigt dir, was deine Hand macht, die du gar nicht beachtest und merkst, während sie streichelt oder schlägt. Du lebst in ihr und schaust nicht hin. Sie zeigt dir das intime Gesicht all deiner lebendigen Gebärden, in denen deine Seele erscheint, und du kennst sie nicht. Die Lupe des Kinoapparates wird dir deinen Schatten an der Wand zeigen, mit dem du lebst, ohne ihn zu merken, und wird dir die Abenteuer und das Schicksal der Zigarre in deiner ahnungslosen Hand zeigen und das geheime – weil unbeachtete – Leben aller Dinge, die deine Gefährten sind und miteinander das Leben ausmachen. Du hast dieses Leben so betrachtet, wie ein schlechter Musiker ein Orchesterstück hört. Er hört nur eine führende Melodie, und das andere verschwimmt in einem allgemeinen Rauschen. Der gute Film wird dich aber durch seine Großaufnahmen lehren, die Partitur des vielstimmigen Lebens zu lesen, die einzelnen Lebensstimmen aller Dinge zu merken, aus denen sich die große Symphonie zusammensetzt.

Der entscheidende Moment der eigentlichen Handlung wird in einem guten Film nie in der Totalaufnahme gezeigt. Denn in der Totale ist nie zu sehen, was wirklich geschieht. Sie ist nur zur Orientierung da. Wenn ich den Finger sehe, wie er das Gewehr abdrückt, und nachher sehe, wie die Wunde platzt, dann habe ich Ursprung und Ausgang einer Handlung gesehen, ihre Geburt und ihre Umwandlung. Was dazwischen liegt im Raum, das ist, wie die fliegende Kugel, unsichtbar.

Der Regisseur führt dein Auge

Was ist das spezifisch Filmmäßige an diesen Großaufnahmen, da doch auch der Theaterregisseur auf der Bühne solche Einzelheiten sorgsam ausarbeiten kann? Es liegt in der Möglichkeit, das einzelne Bild aus dem Ganzen herauszuheben. Wir sehen dadurch diese kleinen Lebensatome nicht nur deutlicher als sie uns die Bühne zeigen kann, sondern der Regisseur führt mit ihnen unser Auge. Auf der Bühne sehen wir immer das totale Bild, in dem diese kleinen Momente verschwinden. Werden sie aber besonders betont, dann verlieren sie gerade die Stimmung ihrer Verborgenheit. Auf dem Film lenkt aber der Regisseur unsere Aufmerksamkeit mit den Großaufnahmen und zeigt uns nach der Totalaufnahme die verborgenen Eckchen, in denen das stumme Leben der Dinge die Stimmung ihrer Heimlichkeit nicht verliert.

Die Großaufnahme im Film ist die Kunst der Betonung. Es ist ein stummes Hindeuten auf das Wichtige und Bedeutsame, womit das dargestellte Leben zugleich interpretiert wird. Zwei Filme mit der gleichen Handlung, demselben Spiel und denselben Totalen, die aber verschiedene Großaufnahmen haben, werden zwei verschiedene Lebensanschauungen ausdrücken.

Der Naturalismus der Liebe

Die Großaufnahmen bedeuten eine Art Naturalismus. Denn es sind scharfe Beobachtungen der Einzelheiten. Doch in diesen Beobachtungen ist eine Zärtlichkeit, und ich möchte sie den Naturalismus der Liebe nennen. Denn was man wirklich liebt, das kennt man gut und beachtet seine kleinsten Einzelheiten mit zärtlicher Aufmerksamkeit. (Freilich gibt es auch eine Beobachtungsschärfe, also einen Naturalismus des Hasses.) Bei Filmen mit vielen guten Großaufnahmen hat man oft den Eindruck, daß es nicht Beobachtungen des guten Auges, sondern des guten Herzens sind. So strahlen sie eine Wärme aus, eine mittelbare Lyrik, deren besondere künstlerische Bedeutung darin liegt, daß sie rührend ist, ohne sentimental zu werden. Sie bleibt unpersönlich und sachlich. Das Gefühl der zärtlichen Zuneigung zu den Dingen wird geweckt, ohne beim Namen (bei dem allzu abgebrauchten, allzu allgemeinen Namen) genannt zu werden.

Vom »Einschneiden« der Detailaufnahmen

Zu den Betonungsmitteln des Films gehört die Beleuchtungskonzentration, die »Effektbeleuchtung« und die Sekundärplanaufnahme nicht minder als die Großaufnahme. Und alle diese werden für den Regisseur auch zum Problem der Bilderführung. Denn es gehört zur hohen Regiekunst zu wissen, wohin so eine Detailaufnahme »eingeschnitten« werden soll, in welchem Moment die Totale mit einem Premierplan unterbrochen werden kann. Denn es besteht immer die Gefahr, daß durch die Einzelaufnahmen die Kontinuität des Films zerstückelt wird.

Vor allem kommt es bei schlechten Filmen häufig vor, daß wir das Gefühl des angegebenen Raumes verlieren und bei den Detailaufnahmen nicht mehr wissen, ob sie vorn oder rückwärts sind und wie sie sich im gemeinsamen Raum zueinander stellen. Wenn dann wieder eine Totale kommt, sind wir überrascht und müssen uns nachträglich schnell die Situation zusammenklauben. Dieser Fehler entsteht meist dadurch, daß die Detailaufnahme aus einer anderen Perspektive gemacht wurde als die vorangegangene letzte Totale. Auch kommt es häufig vor, daß die Beleuchtung der Totale nicht genügt, um eine plastische Großaufnahme eines Details zu machen. Dieses wird dann besonders beleuchtet und fällt aus dem Valeur des Ganzen. Wir können es dann in der Totale nicht mehr lokalisieren.

Aber nicht nur der Raum, auch die Zeit kann zerrissen werden durch das Einschneiden der Detailaufnahmen. Denn der Film hat eine Zeitperspektive, die einheitlich sein muß für alles Geschehen in ihm, so wie alle Dinge in einem Gemälde aus derselben Perspektive des Raumes gesehen sein müssen.

Nun scheint im Film der Ablauf eines Geschehens, je näher es an unser Auge gerückt ist, um so langsamer zu sein. Das steht in direktem Widerspruch mit dem optischen Gesetz der Natur. Denn je entfernter dort ein Ding von uns ist, desto langsamer scheint es sich zu bewegen. Im Film beruht aber dieser Schein nicht auf einer optischen, sondern auf einer psychischen Tatsache. In der Nähe sehen wir die Einzelheiten. Diese alle zu apperzipieren, brauchen wir Zeit. Das heißt, es scheint uns so, als ob mehr Zeit dazu notwendig wäre, die größere Fülle des Geschauten zu fassen. Darum kommt es oft vor, daß eine Handlung im Sekundärplan ein langsameres Tempo zu haben scheint als dieselbe Handlung im Totalbild, und man wird von den verschiedenen Schnelligkeiten schwindlig wie in der Eisenbahn, wenn rechts und links Züge in verschiedenem Tempo vorbeifahren. Es gehört zu den heikelsten Regieaufgaben, trotz Premier- und Sekundärplanaufnahmen die einheitliche Zeitperspektive wahren zu können.

Nun die Frage: Welches Moment der Handlung soll in Großaufnahme gebracht werden? Moderne Regisseure bringen meist nicht das Hauptmoment, nicht das, auf welches sich die Aufmerksamkeit ohnedies konzentriert und das darum nicht besonders unterstrichen werden muß.

Das hat vieles für sich. Doch soll es nicht zu einem spielerischen Grasen abseits vom dramatischen Wege werden. Denn die einzelnen Momente einer Handlung haben nicht immer dieselbe Stimmung und denselben Sinn wie das Ganze. Auch das einheitliche Kolorit einer Wiese ergibt sich aus den verschiedensten Blumen. Wenn wir sie von der Nähe betrachten, wird die eine wie ein sanftes Kinderauge, die andere wie ein stachelig struppiges Miniaturungeheuer sein. Die Farbe aber, die besonders vor das Auge gerückt wird, darf dem Kolorit des Ganzen nicht widersprechen. Es gehört zum Beispiel zu den häufigsten und rohesten Mißgriffen gewisser Regisseure, die um jeden Preis »lichte Momente« haben wollen, daß sie niedlich-humoristische Detailbilder mitten in tragische Szenen hineinschneiden.

Anderseits gehört es zu den feinsten Regiekünsten, durch die Großaufnahmen kleiner Details, einer Szene die bestimmte Stimmungsrichtung zu geben. Zum Beispiel geben wir in der Totale einen unbefangen-ruhig plaudernden Menschen. Aber die Großaufnahme seiner Finger, die nervös die Brotkrumen kneten, wird doch dem ganzen Bilde die Stimmung geben. Oder es erscheint in den Physiognomien der Dinge eine Zukunftsahnung, die die Menschen noch nicht haben. Aus den Großaufnahmen eines Wolkenbildes, einer verfallenen Mauer, der dunklen Öffnung einer Tür steigt die Stimmung banger Sorge um ahnungslose Menschen. Wir sehen schon die lautlosen Schatten des Schicksals gleiten.

Die Großaufnahme, sie ist der tiefere Blick, sie ist die Sensibilität des Regisseurs. Die Großaufnahme ist die Poesie des Films.

Großaufnahmen und Aufnahmen von Größen

Das Pathos der Größen ist eine Wirkung, die keine andere Kunst so wie der Film ausüben kann. Ein wogendes Meer, ein Gletscher über Wolken, ein Wald im Sturm oder die schmerzende Unendlichkeit einer Wüste sind Bilder, vor denen man Aug in Aug mit dem Kosmos steht. Die Malerei kann diese überwältigende Monumentalität nicht haben, weil das stehende Bild dem Zuschauer ermöglicht, einen Standpunkt, eine feste Position ihm gegenüber zu finden. Aber in der unheimlichen Bewegung dieser kosmischen Größen erscheint der Rhythmus, der Wellenschlag der Ewigkeit, in dem das betäubte Menschenherz untergehen muß.

Die Bühne bringt solche Wirkungen der Monumentalität noch weniger auf. Es mögen die größten Dinge auf Prospekt und Kulissen gemalt sein. Der Mensch steht doch immer vorn, in ganzer Lebensgröße, und wir bekommen seine verhältnismäßige Kleinheit nicht zu sehen. Wir sehen ihn nie in der Perspektive, wie er zwischen den Riesen des Weltgebäudes vergeht und verschwindet.

Es gibt aber Filme, die uns das Gesicht der Erde zeigen. Nicht idyllische Landschaften und auch nicht die Halali-Aussichten der Hochtouristen, sondern die Physiognomie des Erdballs, des Himmelskörpers, der, im Sternenraum der Unendlichkeit schwebend, das kleine Getier der Menschen auf seinem Rücken trägt.

Unvergeßlich erschütternd waren die Bilder der Shackleton-Südpolexpedition. Menschen an der Grenze des Erdenreichs. Am Kap des irdischen Lebens stehen kleine, schwarze Silhouetten und blicken durch die ewige Nacht von einem Gestirn zum anderen hinüber. Ja, das sind Größen vom Maße der Welt, die nur der Film darstellen kann.

Massenszenen

Die irdisch-internen Größen von Riesenbauten und Massenszenen sind auch eine besondere Filmmöglichkeit der Monumentalität, die noch keine Kunst gebracht hat. Denn so ein Riesenbau – das *eine* Werk von Tausenden –, so eine Volksmasse – der *eine* Organismus von Tausenden, die in ihm aufgehen – zeigt uns ein überindividuelles Gebilde der menschlichen Gesellschaft. Nicht nur die Summe der Einzelmenschen, sondern ein eigenes Lebewesen mit eigener Gestalt und eigener Physiognomie.

Diese Gestalten und Physiognomien der menschlichen Sozietät wurden in den individualistischen Künsten bisher nie sichtbar. Und das lag nicht nur am Technischen. Die Gesellschaft als solche wird in unserer Zeit immer bewußter, ihre Physiognomie sichtbarer. Darum ist sie auch im Bild eher darzustellen. Denn auch die Bewegung der Masse ist Gebärde wie die des Einzelmenschen. Wir haben sie bisher nicht gekannt, obwohl wir sie mitmachten. Und die Bedeutung der Massengebärden ist uns noch geheimnisvoll. Aber der gute Regisseur fühlt unbewußt ihren Sinn.

Um aber deutliche Gebärden zeigen zu können, darf eine Masse nicht konturlos, chaotisch-amorph sein. In einem guten Film wird die Menge in ihren Gruppierungen und Bewegungen bis ins Kleinste »durchkomponiert« sein.

Solche Gruppierungen beabsichtigen vielfach nur eine dekorative Wirkung. Das kann schön und artistisch werden. Und warum auch nicht? Ein Film hat unter anderem auch eine Augenweide zu sein. Doch die dekorative Regie verfällt gar häufig in den Fehler, daß sie *zu schön* ist. Das dargestellte Leben bekommt etwas kunstgewerblich Geziertes. Und Gruppen, die immerfort in tadellos dekorative Linien gestellt sind, machen den Eindruck von gut einstudierten *Ballettszenen.* Wenn aber der Film zu einer Reihe von »lebenden Bildern« wird, dann verlieren seine Bilder das Lebendige.

Die lebendige Physiognomie der Menge, das Mienenspiel des Massengesichtes, wird der gute Regisseur aber nur in Großaufnahmen zeigen können, durch die er den Einzelmenschen doch nie ganz verschwinden und vergessen lassen wird. Dann wird die Masse kein dumpfes, totes Element werden wie ein Steingeröll oder ein Lavastrom. (Außer der Regisseur hat die bewußte Absicht, sie aus irgendeinem Grunde gerade so zu charakterisieren.) Ein guter Film wird die Menge aus lauter für sich lebendigen und sinnvollen Teilszenen zusammensetzen. Mit einer Reihe von Premier- und Sekundärplan-Detailaufnahmen wird er uns die einzelnen Sandkörner zeigen, aus denen diese Wüste besteht, damit auch beim Anblick der großen Totale das innen wimmelnde Leben ihrer Atome gegenwärtig bleibt. In solchen Großaufnahmen fühlen wir den warmen Seelenstoff, aus dem die großen Massen bestehen.

Filmimpressionismus

Die Darstellung von Größen hat aber auf dem Film ihre Grenzen. Sie bestehen im Viereck der Projektionsfläche, in den Grenzen unseres Sehfeldes. Es mögen die Bilder der Pyramiden, die Ansichten von Babylon und Ninive sein, es mögen Bilder der Völkerwanderung oder des New Yorker Verkehrs sein, sie können doch nicht größer sein als die Leinwand.

Diesen Rahmen haben die amerikanischen Filme schon längst ausgefüllt und überfüllt. Und trotzdem ist *der Eindruck* der Größe noch zu steigern. Denn auf dem Bilde kommt es nur auf die Illusion an. Darum verlegen sich moderne Regisseure immer mehr auf die *impressionistische Technik* der Illusion.

Die Photographie hat sich heute so weit entwickelt, daß sie noch andeuten kann, wo das Zeigen nicht mehr möglich ist, und daß sie unsere Phantasie zur Ergänzung von Größen anregt, die keine Bildfläche mehr fassen könnte. Der moderne Regisseur braucht keine hunderttausend Komparsen mehr, um die Wirkung von großen Massen hervorzubringen. In einer Rauchwolke zum Beispiel kann eine viel größere Menschenmenge verschwinden, als auf einem beleuchteten Felde sichtbar zu machen ist. Hier sehen wir nur Hunderttausende, dort ahnen wir, fühlen wir Millionen. Denn nicht immer sieht die große Zahl nach viel aus. Im wilden Gestrüpp von hundert ausgestreckten Händen lodert mehr Volkserregung als in der endlosen Fläche eines Demonstrationszuges. Die sich spaltenden Späne eines brechenden Balkens können auch mehr Katastrophenstimmung bewirken als das Einfallen großer Türme in der Perspektive.

Der moderne Film wird die Aufnahme von Größen immer mehr durch solche Großaufnahmen ersetzen. Und nicht nur darum, weil diese viel billiger sind. Die Monumentalaufnahmen alten Stils nehmen im Film zuviel Raum ein. So ein Kolossalbau oder so eine Riesenmasse wird von rechts und links, von vorn und rückwärts mindestens in zehn verschiedenen Perspektiven gezeigt. Und auch nicht nur darum, weil man für das investierte viele Geld die entsprechende Anzahl von vielen Bildern bekommen will. So ein Kolossalbild muß oft und lange gezeigt werden, damit wir es perzipieren können, sonst kann es unser Auge nicht verdauen. Dadurch verstellen und verstopfen diese Monumentalaufnahmen den Spielraum des Films, und *es bleibt zu wenig für individualisierende Spielszenen übrig*, die erst den Film deutlich und spannend machen.

Die Wirklichkeit der Größe

Freilich gibt es einen Wirklichkeitseffekt der Größe, der durch keine Illusion des Impressionismus zu ersetzen ist. Im Griffith-Film *Intolerance* gibt es ein Bild: die Heere des Königs Cyrus marschieren auf Babylon. Man sah erst nur eine gewitterdunkle, unendliche Heide, mit dem Teleobjektiv aus großer Entfernung aufgenommen. Einen Raum, der keine Konturen und Grenzen hatte. Eine kosmische Landschaft: die Oberfläche des Erdballs. Ein dünnes, dunkles Gras schien auf der ungeteilt gleichmäßigen Fläche im Winde leise zu beben. Und plötzlich fängt das Gras an, sich zu bewegen. Die Erdoberfläche kommt ins Rutschen. Das Gras sind spitze Lanzen. Auf der unendlichen Heide wogt das dichte Menschengewächs und hat keine Grenzen und Konturen. Es sind die Völker der Erde. Und sie rollen auf uns zu in unheimlich langsamem, dickflüssigem Strömen. Eine Erdenumwälzung. Ein Weltbeben. Dieser Eindruck ist freilich mit keiner Großaufnahme hervorzubringen.

Es leben auch Riesen auf unserer Erde, deren ganze Gestalt einen wesentlich anderen Charakter hat als ihre Teile und die darum durch diese nicht ganz zu ersetzen ist. Ein Kolossalwarenhaus, eine Riesenfabrik, ein Großstadtbahnhof hat in der Totale ein eigenes Gesicht.

Es gibt Regisseure, die den Effekt solcher Originalaufnahmen in ihren Filmen ohne zwingenden Grund verwenden, als »Einlage« wie eine Tanznummer in einer Operette. Sie sollten auf der Hut sein. Denn solche Mammutgrößen zerstampfen ihnen beim Tanz ihr Stück. Es ist eine Art künstlerischer Frivolität, so große Dinge als unorganischen und unbeteiligten Hintergrund bei Filmen zu benützen, die gerade so gut als kleine Stubenidyllen gespielt werden könnten. Die Monumentalität des Milieus wird gefährlich, wenn sie einfach als Zugabe der Geschichte verwendet wird. Sie erdrückt den Film.

Auch ist gewissermaßen eine beleidigende Respektlosigkeit dabei. Man dürfte auch Asta Nielsen nicht auftreten lassen, ohne ihr eine gebührende Rolle zu geben. Nun, dünkt mich, sind der Niagarafall oder der Eiffelturm auch Stars, die man nicht als bloße Komparsen benützen darf.

Die Stimmung

Die Seele einer Landschaft oder irgendeines Milieus zeigt sich nicht an jeder Stelle gleich. Auch beim Menschen sind etwa die Augen ausdrucksvoller als der Hals oder die Schultern, und die Großaufnahme der Augen strahlt mehr Seele aus als die Totale des Körpers. Es ist die Aufgabe des Regisseurs, die Augen einer Landschaft zu finden. In den Großaufnahmen dieser Details wird er erst die Seele des Ganzen erfassen: die Stimmung.

Originalaufnahmen einer Stadt können sehr schön sein und haben auch den besonderen Reiz der glaubhaften Wirklichkeit. Doch wir finden in ihnen selten die Augen, aus denen ihre Seele strahlt, und sie werden häufig zu lehrhaften Bildern eines Geographieunterrichts. Aber die schwarze Silhouette einer Brücke mit einer schwankenden Gondel darunter, Stufen, die sich in das dunkle Wasser versenken, in dem sich eine Laterne spiegelt, geben mehr Venedigstimmung – auch wenn sie im Atelier aufgenommen sind – als die Originalaufnahme des Markusplatzes.

Auch die Stimmung eines Ereignisses ist oft, wie die Stimmung einer Landschaft, mit der Großaufnahme seiner kleinsten Momente zu erfassen. Das Premierplanbild der heulenden Sirenen (denn man *sieht* sie heulen am Ausspritzen des Dampfes), der zitternden Finger, die wild an einer Fensterscheibe klopfen, der baumelnden Sturmglocken ergibt einen Panikextrakt, in dem wir den Schreck konzentrierter bekommen als in der Totale eines Massenauflaufs.

Auch die Stimmung eines Menschen ist ein Ganzes, das als solches im Bilde nicht zu fassen ist. Aber die Augenblicke haben den ausdrucksvollen Blick der Augen. Mit den Großaufnahmen solcher Augenblicke ist es möglich, ein subjektives Bild der Welt zu geben und trotz der Sachlichkeit des photographischen Apparates, die Welt im Kolorit eines Temperaments, in der Beleuchtung eines Gefühls zu zeigen: eine projizierte, eine objektivierte Lyrik.

Ein Film nach Gerhart Hauptmanns Roman »Phantom« unternahm es, eine vom Traum überschwemmte Wirklichkeit zu photographieren, eine Welt, wie sie einem aufgeregten Phantasten erscheint und auf deren objektive Wirklichkeit es gar nicht ankommt. Traumvisionen werden dazwischen gemischt und haben keine deutlich unterscheidbaren Grenzen. Denn auch die Wirklichkeit erscheint wie im Nebel des Rausches.

Der impressionistische Stil dieses Films besteht darin, daß die objektive, logische Struktur der Handlung streckenweise gar nicht dargestellt wird, sondern nur die Stimmungsmomentaufnahmen flüchtiger, unzusammenhängender Bilder, wie sie schwankend und verschwebend vor dem trüben Blick des Helden erscheinen. Wie er sie sieht, so sehen wir die Welt.

Ein Akt heißt »Der taumelnde Tag«. Er hat keinen erzählbaren Inhalt. Straßen ziehen vorbei mit wandelnden Häuserreihen vor einem, der selbst unbeweglich steht. Treppen steigen und sinken unter Füßen, die sich scheinbar nicht bewegen. Ein Brillantschmuck flammt auf in einem Schaufenster. Ein Blumenstrauß teilt sich, und ein Gesicht schaut hervor. Eine Hand greift nach einem Glas. Säulen des Ballsaals taumeln trunken. Autolampe blendet. Ein Revolver liegt am Boden.

Aus der subjektiven Perspektive des Helden bekommen wir nur Großaufnahmen der Sekunden *und keine Totale der Zeit zu sehen.* Darin besteht der Impressionismus im Film. Darin, daß wir *nur* das zu sehen bekommen, was auf den Helden Eindruck macht, und das andere überhaupt nicht. Denn nur die Totale der Zeit (der ganze Ablauf der Handlung), ebenso wie nur die Totale des Raumes (in dem sich die Handlung abspielt) geben uns das Gefühl der Objektivität.

Das Gesicht der Dinge

Jedes Kind kennt die Gesichter der Dinge und geht mit klopfendem Herzen durch das halbdunkle Zimmer, in dem Tisch und Schrank und Sofa wilde Grimassen schneiden und mit wunderlichem Mienenspiel etwas sagen wollen. Man kann schon recht erwachsen sein und noch in den Wolken seltsame Gestalten erkennen. Die unheimlich-deutlichen Gebärden der schwarzen Bäume im nächtlichen Wald machen auch dem nüchternsten Philister bange. Aber liebe und angenehme Gesichter haben die Dinge auch. Wie oft wird uns so wohl bei ihrem Anblick wie vom beruhigenden Lächeln eines Freundes. Meistens wissen wir, merken wir gar nicht, woher es kommt. Nein, nicht von der dekorativen Schönheit, sondern *von der lebendigen Physiognomie, die alle Dinge haben.*

Das Kind kennt diese Physiognomien gut, weil es die Dinge noch nicht ausschließlich als Gebrauchsgegenstände, Werkzeuge, Mittel zum Zweck ansieht, bei denen man nicht verweilt. Es sieht in jedem Ding ein autonomes Lebewesen, das eine eigene Seele und ein eigenes Gesicht hat. Ja, das Kind und der Künstler, der die Dinge auch nicht benützen, sondern darstellen will.

Expressionismus

Diese latente Physiognomie der Dinge herauszustreichen, zu betonen und für alle deutlich zu machen, nennt man in der Malerei und in anderen darstellenden Künsten »Expressionismus«.

Denn die Dinge tragen meistens, wie schamhafte Frauen, einen Schleier vor dem Gesicht. Den Schleier unserer traditionellen und abstrakten Betrachtungsweise. Diesen Schleier nimmt ihnen der Expressionismus der Künstler ab. Und dann sehen sie freilich anders aus. Denn wie der Ausdruck eines Gefühls die Züge eines Gesichtes verschiebt und seine Normalform ändert, so scheint der Gesichtsausdruck der Dinge ihre Normalform zu verändern. Je leidenschaftlicher der Ausdruck, um so verzerrter wird das Gesicht der Menschen – und der Dinge.

Es gibt keine Kunst, die so berufen wäre, dieses »Gesicht der Dinge« darzustellen, wie der Film. Weil er nicht nur eine einmalige, starre Physiognomie, sondern ihr geheimnisvoll-geheimes Mienenspiel zeigen kann. Es ist ganz gewiß, daß der Film das eigenste Gebiet, vielleicht die einzige rechtmäßige Heimat des Expressionismus ist. Die modernen Filme nähern sich alle diesem Stil, ohne es zu wollen, ohne es zu merken.

Denn es gibt ja sehr verschiedene Grade des expressionistischen »Verzerrens« der Normalformen. Es gibt den ganz diskreten Expressionismus *der Auswahl*, wie ihn oft Jessner bei seinen Filmen verwendet. Er besteht darin, daß er die Dinge eigentlich nicht deformiert, sondern schon von vornherein deformierte Dinge als Hintergrund benützt, wo ihm die normalen Formen zu ausdruckslos erscheinen. Er baut keine schiefen Wände, wo sonst gerade stehen, sondern läßt die Szene, wenn es schon schief gehen muß, vor dem Glasdach eines Ateliers spielen. Und so bestreitet er seine expressionistischen Formbedürfnisse mit Vorhängen, Paravents und Treppen, die die phantastischsten Linien haben können, ohne darum »unmöglich« oder »unnatürlich« zu sein.

Von diesem naturalistischen Expressionismus bis zum berühmten *Caligari*film Robert Wienes (den er vorsichtshalber mit dem Untertitel versehen hat »Wie ein Wahnsinniger die Welt sieht«), in dem das dämonische Mienenspiel der Dinge so stark war, daß sie aus der *toten Natürlichkeit* der Sachen in die *lebendige Natürlichkeit* der menschlichen Sphäre traten, gibt es unzählige Stufen und Übergänge, entsprechend jedem Regisseur und jedem Publikum. Der Film macht es auch möglich, die expressionistischen Grimassen in ihrem allmählichen Entstehen darzustellen und dadurch ihre »Glaubhaftigkeit« bis zur äußersten Grenze zu wahren. Gewiß ist es aber, daß es heute keinen Regisseur mehr gibt, der einen »kalten« Hintergrund, ein neutrales Milieu duldete und der nicht die ganze Bildfläche von derselben Stimmung beseelt haben möchte, von der die Gesichter der Akteure beseelt sind.

Traum und Vision

Das ist das Gebiet, wo der Expressionismus jedem Philister einleuchtet. Freilich, im Traum oder in der Vision dürfen die Dinge anders aussehen. Denn sie stellen nicht äußere *Gegenstände*, sondern vor allem innere *Zustände* dar. Hier gibt es unermeßliche poetische und psychologische Möglichkeiten für den Regisseur, Möglichkeiten, die ihm auch das Publikum läßt. Hier wäre die Gelegenheit für die ambitiösen Regisseure, das Publikum allmählich und unbemerkt in jene künstlerisch erlebte Welt hinüberzuführen, in der das Bild *jedes* Gegenstandes einen inneren Zustand bedeutet. Hier könnte man allmählich die Grenzen verwischen zwischen Traum und Träumerei, zwischen Vision und dem in Erregung geschauten Bilde der Welt. Denn wo ist die Grenze?

Es ist schier unverständlich, daß es heute noch Regisseure gibt, die selbst diese gebotene Gelegenheit nicht benützen und die auch die Traum- und Visionsbilder mit demselben Naturalismus einstellen und photographieren wie die der Wirklichkeit.

Das ist sinnlos, unberechtigt und störend. Erstens ist es *unwahr* und entspricht dem eigenen Wirklichkeitsvorurteil dieser Leute nicht. Denn Traumbilder sehen in Wirklichkeit anders aus als die Wirklichkeit. Zweitens muß doch auf dem Film jedes Ding zu erkennen und auch ohne Titel zu identifizieren sein. Man schreibt ja auch nicht: »Das ist ein Haus« oder »das ist ein Berg«. So muß auch ein Traum aus seinem Bild – ohne Titel – als solcher erkenntlich sein und darf nicht dieselbe Valeur, dasselbe Kolorit, dieselbe Substanzialität haben wie die Bilder der Wirklichkeit. Sonst hemmt er den Fluß der Bilderführung, unterbricht die Kontinuität und wirkt als Verwirrung im Schneiden.

Freilich sind »Träume« und »Visionen« allzuhäufig nur Notbehelfe des schlechten Drehbuches, die ungeschickte Bilderführung zu korrigieren. Wenn wir eine Tatsache erfahren müssen, die uns mitzuteilen sich noch keine Gelegenheit bot, dann wird sie als »Vision« in den Film an den psychologisch unwahrscheinlichsten Stellen hineingeflickt. Dadurch wird das feinste Kunstmittel des Films mißbraucht und kompromittiert.

Rahmenerzählung

Eine andere Sache ist es, wenn im Film jemand eine längere Geschichte erzählt und diese als »Vision« erscheint. Das ist nur die Form der Rahmenerzählung im Film und kann nicht jenen lyrisch-expressionistischen Charakter haben wie Stimmungs-Momentaufnahmen.

Doch auch diese Visionen der Vorgeschichte sind mißlich. Denn sie zerstören die einheitliche Zeitperspektive des Films. Die Literatur hat da andere Möglichkeiten. In jedem Satz kann etwas mitklingen, eine Anspielung, die sich auf den Rahmen bezieht und die gegenwärtige Situation, in der jene Vergangenheit erzählt wird, für keinen Augenblick vergessen läßt. Aber Bilder sind nicht zu konjugieren wie Zeitwörter und haben nur Gegenwart. Darum kommt es so häufig vor, daß, wenn nach der langen Bilderreihe solch einer Zwischengeschichte wieder das Zimmer mit dem Erzähler erscheint, wir uns an den Kopf greifen und es eine Weile dauert, bis man sich orientiert. Außer ein Regisseur würde es wagen – meines Wissens hat es bisher noch keiner getan –, auch solchen Erinnerungsbildern ein Stimmungskolorit der Vergangenheit zu geben. Das wäre schön!

Traum und Träumer

Bei der Darstellung von Träumen und Visionen gibt es für den Film noch eine ganz besondere poetische und psychologische Möglichkeit. Sie liegt darin, daß er *das Verhältnis von Traum und Träumer* zueinander darstellen kann. Auch der Maler kann uns seine Traumgesichte zeigen. Aber *sein eigenes Gesicht* sehen wir dabei nicht. Es gehört aber zu den wunderbarsten Offenbarungen des Films, wenn wir erst das Lächeln eines Schläfers sehen und dann *dieses selbe Lächeln* in seinen Traumbildern erkennen.

Kennt ihr dieses seltsame Traumerlebnis nicht? Man wandelt in einer Landschaft und erkennt in ihr einen seiner Freunde oder Feinde. Es ist eine regelrechte Landschaft. Aber sie hat eine deutliche Physiognomie, die sie verrät. Denn nicht nur Menschen untereinander können sich ähnlich sehen. Die geheimnisvolltiefe Verwandtschaft zwischen der Physiognomie des Träumers und der seines Traumbildes aufzuzeigen, gehört zu den schönsten Wundern der Filmkunst.

Die Traumsubstanz

Mit dem Filmtraum aber ist es so wie mit dem Film überhaupt. Nicht auf seinen Fabelinhalt, sondern auf seine Erscheinung im Bilde kommt es an. Untalentierte Regisseure helfen sich dadurch, daß sie im Traum die unwahrscheinlichsten Ereignisse geschehen lassen. *Märchenbilder sind es bestenfalls, durch die sie die Traumbilder ersetzen* (oft aber nur schale Allegorien, die nur ausgeklügelte Symbole und Gleichnisse von Gedanken sind und gar nichts Irrationelles haben). Die Gestalten aber, die in diesen unwahrscheinlichen Ereignissen vorkommen, sehen entweder ganz natürlich aus, oder *sie haben nur eine veränderte Form, wie eben die Märchengestalten, und keine veränderte Substanz, wie die Traumgestalten.*

Aber ein ganz gewöhnliches Wohnzimmer kann einem unverkennbar als Traumbild erscheinen. Und das kommt vielleicht nur von einer gewissen Beleuchtung. Denn die seltsame Astralatmosphäre des Traumes kommt nicht von der Form der Gestalten, sondern von einer eigenen, ganz bestimmten anderen Stofflichkeit, die den empirisch-physikalischen Gesetzen der Natur offenbar nicht zu unterliegen scheint und die mit Worten schwer zu beschreiben, aber nicht so schwer im Bilde zu zeigen ist, weil sie jeder kennt.

Außer dieser Substanz ist es noch *die Bewegung*, die den Traumcharakter der Gestalten und Dinge bestimmt. Dies beachten die Regisseure auch zu wenig. Denn die Traumgestalten bewegen sich anders, ihr Rhythmus entspricht nicht den Bewegungsgesetzen der physikalischen, sondern dem inneren Rhythmus der geistigen Welt.

Wohl gebraucht heute schon fast jeder Regisseur die *Bewegung als Ausdruck einer Intensitätssteigerung*. Etwa in der Darstellung des Blickes von einem Hypnotiseur, dessen Augen er anwachsend auf einen zukommen läßt, daß man den Eindruck hat, von den Augen überfahren zu werden. Oder daß er eine Titelaufschrift, wenn sie einen Schrei bedeutet, sich schnell vergrößern läßt, dadurch das akustische Crescendo in ein visuelles umsetzend. Aber jene wundersamen Bewegungen der Traumgestalten, die *übernatürlich sind, ohne widernatürlich zu sein*, die treffen die wenigsten Regisseure.

Ein herrliches Beispiel und Vorbild dafür ist die geniale Traumvision im Stanislawskifilm (der ersten Sowjetproduktion), *Polikuschka* betitelt. Dieser Polikuschka ist ein armer Leibeigener, der Geld für seine Herrin aus der Stadt holen soll, aber auf dem Wagen einschläft und es verliert. Er hat einen Traum, dessen Inhalt gar nicht phantastisch ist. Er träumt, daß er im Schlosse ankommt, das so wie immer aussieht, von allen Menschen freundlich empfangen, von der Herrin belobt und belohnt wird. Alles und alle sehen wie in Wirklichkeit aus und Stanislawski bedient sich auch keiner besonderen Effektbeleuchtungen. Und trotzdem hat er es nicht notwendig gehabt, mit einem Titel anzukündigen: jetzt folgt ein Traum. Es war unverkennbar. In der Gruppierung und Bewegung der Gestalten lag das Jenseitige. Ein astraler Rhythmus der süßen Andacht und Güte eines russischen Bauernhimmels, der überirdischen Musik eines seligen Traumes. Stanislawski hat in diesem Film die Traumgebärde erfaßt.

Gedankenphotographie

Es gibt noch eine spezielle Form der »Visionsbilder«, die keine eigentlichen Visionen im optisch-physiologischen Sinn darstellen wollen und eher als *Gedankenphotographie* bezeichnet werden könnten. In einer französischen Verfilmung des »Crainquebille« von Anatole France sitzt der alte Crainquebille vor seinen Richtern so, daß diese in einer unerreichbaren Höhe über ihm zu schweben scheinen, und wenn einer von diesen gewaltigen Herren aufsteht, um zu sprechen, dann wächst er vor den Augen des einfältig-demütigen Straßenhändlers ins Übermenschliche. Das ist zweifellos ein geistvoller Einfall und verfehlt auch seine Wirkung nicht. Doch sind solche Ideen eigentlich gefährlich für den reinen Stil des Films. Denn meistens sind es nur *illustrierte Gleichnisse*. Statt des irrationellen Bildes einer irrationellen Empfindung bekommen wir *eine Redewendung im Bilde dargestellt*. Und wenn es etwa in der Novelle heißen würde: »er ist in ihren Augen gewachsen« – dann läßt der Regisseur ihn auf dem Film wachsen. Solche Tricks sind aber das Gegenteil vom Expressionismus, denn anstatt das Unsagbare noch im Bilde darzustellen, weisen sie auf die Sprache, und zwar auf ihre trivialsten Wendungen zurück.

Impressionismus und Expressionismus

Der Unterschied zwischen den beiden Filmstilen Impressionismus und Expressionismus wäre folgendermaßen zu definieren: Der *Impressionismus* gibt immer einen Teil für das Ganze und überläßt die Ergänzung der Phantasie des Zuschauers. Eine Ecke wird gezeigt statt der ganzen Landschaft, eine Gebärde statt der ganzen Szene und ein Moment statt der ganzen Geschichte. Diese herausgehobenen Teile werden aber »naturalistisch« dargestellt. Ihr Bild wird nicht stilisiert, deformiert durch die Betonung und Übertreibung einer latenten Physiognomie.

Der *Expressionismus* arbeitet nicht vornehmlich mit Großaufnahmen herausgerissener Teile. Er gibt das totale Bild des Milieus, nur stilisiert er es zur ausdrucksvollen Physiognomie und überläßt es nicht der Phantasie des Zuschauers, die Stimmung hineinzudichten, die ihm gerade naheliegt.

Dekorative Stilisierung

Am wirksamsten ist aber der in den neuesten Filmen aufkommende Mittelweg der Sekundärplanbilder. Das expressionistische Stilisieren einer ganzen Totale, eines ganzen Zimmers, einer ganzen Straße hat meist etwas Forciertes und scheint nicht mehr seelisch, sondern bloß artistisch-dekorativ begründet zu sein. Es wirkt als Ornamentik, als durchgehender, ständiger Stil und verliert dadurch gerade den spontan-expressiven Charakter.

Trotzdem ist auch der rein dekorative Stil auf dem Film viel mehr zu beachten als auf der Bühne, wo Stilwidrigkeiten nie so stören. Denn trotz der drei Dimensionen, die die Photographie darstellt, sind die Dinge auf dem Film auf eine Fläche gebracht. Auf einer Fläche, in homogenem Kolorit, werden die Formen einander nähergerückt und aufeinander bezogen. Sie haben keinen Raum, aneinander vorbei zu leben, und ihre Stilwidersprüche stoßen schriller aneinander.

Die »Aura«

Die Sekundärplanaufnahmen aber geben nur einen Ausschnitt. Sie zeigen nur die unmittelbare Umgebung der Spieler, und indem sie den Rahmen des Bildes enger ziehen, machen sie es möglich, daß der Mensch es mit seiner seelischen Ausstrahlung sozusagen selbst beleuchten kann. Das Milieu wird zur sichtbaren »Aura« des Menschen, zu seiner über die Konturen des Körpers erweiterten Physiognomie. Das Mienen- und Gebärdenspiel des Menschen bleibt überwiegend über das der Dinge, und sein Gesichtsausdruck wird jenes der Dinge deuten. Denn letzten Endes kommt es doch nur auf den Menschen an. Und bedeutsam werden die Mienen der Dinge nur insofern, als sie eine Beziehung zum Menschen haben.

Natur und Natürlichkeit

Alles, was wir bisher von der Filmkunst gesagt haben, wird jene sehr enttäuschen, welche die Kinematographie als Erschließerin von Naturschönheiten und als Lehrmeisterin der Wirklichkeit begrüßten. Denn in seinen »Originalaufnahmen« schien der Film ja seinen größten und vielleicht einzigen Vorzug gegenüber den künstlichen Gebilden der Theaterbühne zu haben. Und siehe, die Entwicklung der Filmkunst führt immer weiter weg von der Originalnatur. Die moderne Filmtechnik vermeidet heute schon, soweit es nur geht, »Außenaufnahmen« und baut sich nach Tunlichkeit jedes Milieu, womöglich auch Gartenanlagen und offene Straßen, selber auf. In den geschlossenen Ateliers verläßt man sich auch ungern auf das Glasdach, sondern richtet sich auf Kunstlicht ein. Selbst Außenaufnahmen der Natur werden heutzutage selten ohne Zuhilfenahme von Reflektoren vorgenommen. Die Originalnatur läßt man nicht zu Worte kommen. Vielleicht darum, weil sie nicht deutlich genug sprechen kann?

Landschaft

Die Sache ist nämlich so, daß die Stilisierung der Natur – ob impressionistisch oder expressionistisch – *die Bedingung* dafür ist, daß ein Film zum Kunstwerk werde. Denn im Film, der kein geographisches Lehrmittel, sondern die Darstellung von Menschenschicksalen sein will, gibt es keine »Natur« als neutrale Wirklichkeit. Sie ist immer Milieu und Hintergrund einer Szene, deren Stimmung sie tragen, unterstreichen und begleiten muß.

Wie die Malerei eben dadurch eine Kunst wird, daß sie die Natur nicht photographisch getreu kopiert, so hat auch der Filmoperateur die paradoxe Aufgabe, mit dem photographischen Apparat Stimmungsbilder zu malen. Und dies geschieht eben teils durch die besondere Auswahl der Motive (was ja auch schon ein subjektives Arrangieren der objektiven Wirklichkeit ist), teils durch die »Einstellung« und künstlichen Beleuchtungseffekte und teils eben dadurch, daß man sich eine stilisierte Natur im Atelier aufbaut.

Denn es kommt in einem Kunstwerk darauf an, daß *das ganze Bild* aus *einem* Geist geschaffen sei und daß die Natur, das Milieu *dieselbe* Stimmung bekommt wie die Geschichte, die sich darin abspielt. Denn auf dem Film ist die Natur ein organischer Teil dieser Geschichte wie die Landschaftsbeschreibung in einem Roman, die der Dichter ja auch nicht aus einem geographischen Werk einfach herübernehmen kann.

Bei einem guten Film muß man beim Anblick einer Landschaft den Charakter der Szene voraussagen können, die sich darin abspielen wird. Überhaupt hat der Film die noch allzuwenig ausgenützte hohe poetische Möglichkeit, die Landschaft als lebendige Seele, sozusagen als handelnde Person im Drama mitspielen zu lassen.

Es wird viel geschrieben von der schmerzlichen Anziehungskraft ferner Horizonte auf endloser See, vom Zauber der Landstraße und vom geheimnisvollen Rufe fremder Gestade. Aber auf dem Film die dämonische Gewalt solch einer Landschaft *zu zeigen* wie den hypnotischen Blick eines Mannes oder das verführerische Lächeln eines schönen Weibes, darauf kommt es an.

Denn es gibt eine tiefe und geheimnisvolle – soll man's sagen? – Koketterie zwischen Mensch und Landschaft. Diese kann im Film zur dramatischen Situation werden. Sie kann zu einer aufregenden tragischen Szene gestaltet werden, wie die Silhouette eines vorbeifahrenden Seglers am abendlichen Horizont den Mann am Ufer lockt, betört und verführt.

Wie entsteht »Landschaft«?

Aber nicht jedes Stück Land ist auch schon Landschaft. Die objektive, die natürliche Natur ist es nicht. Landschaft ist eine Physiognomie, ein Gesicht, das uns plötzlich an einer Stelle der Gegend wie aus den wirren Linien eines Vexierbildes anblickt. Ein Gesicht der Gegend mit einem ganz bestimmten, wenn auch undefinierbaren Gefühlsausdruck, mit einem deutlichen, wenn auch unfaßbaren Sinn. Ein Gesicht, das eine tiefe Gefühlsbeziehung zum Menschen zu haben scheint. Ein Gesicht, das den Menschen meint.

Diese Physiognomie aus dem Vexierbild der Natur herauszufinden, zu umrahmen, zu betonen, ist die Sache der stilisierenden Kunst. Einstellung des Apparates, Auswahl der Motive und der Beleuchtung oder künstliche Beleuchtung ist das Menschenwerk, das in die objektive Natur eingreift, um jene subjektive Beziehung zu ihr zu schaffen, auf die es ankommt. Denn für die

Kunst kommt nur das Beseelte in Betracht. Beseelt ist aber nur, was einen Sinn, und zwar einen menschlichen Sinn ausdrückt.

Die Seele der Natur ist gar nicht etwas von vornherein Gegebenes, das man »einfach« photographieren kann. Alte magische Kulturen haben sie vielleicht gekannt. Für uns bedeutet die Seele der Natur immer nur unsere eigene Seele, die sich in jener reflektiert. Diese Spiegelung geschieht aber durch die Kunst.

Die Kunst des christlichen Mittelalters kannte die Seele der Natur und daher auch ihre Schönheit nicht. Die Natur blieb leblose Kulisse, Hintergrund und Ort des menschlichen Handelns. Erst die Menschen der Renaissance haben die Natur beseelt und machten aus der toten *Gegend* lebendige *Landschaft*. (Bekanntlich war Petrarca der erste, der auf die Idee verfiel, einen hohen Berg als »Turist« zu besteigen, ohne etwas anderes dort zu suchen als die Schönheit.)

Der Film und die Seele der Arbeit

Wahrlich: »Die Arbeit als Gegenstand der Kunst«, das wäre ein Thema, würdig der Feder eines guten Marxisten, und würde ein wichtiges Kapitel der Kulturgeschichte ergeben. Die Landarbeit zum Beispiel, das Leben und Schaffen des Bauers auf seinem Felde, war von jeher ein beliebtes Motiv. Aber die Fabriksarbeit, die Großindustrie schien bis zur neuesten Zeit nicht kunstfähig zu sein. Das Bild des Ackerns und des Säens gab immer tiefe Symbole des menschlichen Seins überhaupt. Es war sinnvoll und darum beseelt. Aber der Betrieb einer Großindustrie war nicht poetisch, weil er dieser sinnvollen Beseeltheit zu entbehren schien.

In den letzten Jahrzehnten hat sich das geändert. Im Marmor eines Meunier, auf den Kupferplatten eines Frank Brangwyn wurden die Bilder der modernen Industrie zu lebendigen »Motiven«. Sie hat ein Gesicht bekommen.

Was ist geschehen? Ist die Fabriksarbeit kapitalistischer Betriebe menschlich-sinnvoller geworden? Nein. Aber ihre unmenschliche Sinnlosigkeit ist zu solch einem unheimlichen Entsetzen gewachsen, daß die *Maschine, die menschenfressende Maschine, die dämonische Lebendigkeit eines gespenstischen Ungeheuers bekam.* So wurde sie zum Thema, und zwar, im Gegensatz zu den idyllischen Agrarmotiven, zum phantastisch-gespenstischen Thema der modernen Kunst.

Hier hat der Film die Mission, die repräsentative Kunst des modernen Lebens zu werden. Wir sehen immer häufiger die Maschine und die Fabriksarbeit als die drohenden Symbole des rauchschwarzen Schicksals auf der Leinwand erscheinen. Wir sehen, wie die Maschine *ein Gesicht auf dem Film bekommt* und ihre Bewegung zu einem schrecklichen Mienenspiel wird. Wir sehen schon manchmal, wie auf dem Film aus der neutralen »Gegend« einer Fabriksanlage eine »Landschaft«, düsterer Stimmungen voll, eine tödlich-lebendige Landschaft wird.

Die Landschaften der Arbeit

Ein Beispiel soll angeführt werden. Der Film Karl Grunes *Explosion* ist eine Bergwerksgeschichte. Aber die Geschichte ist nicht das Wesentliche dabei. Denn der Held des Films ist das Bergwerk selbst. Die Kohlenschächte, die Maschinen und der Betrieb spielen die Hauptrollen darin mit unheimlicher Gewalt.

Dieser Film zeigt uns den Betrieb nicht als objektive Tatsache, als »Wirklichkeit«, wie wir Ähnliches in Urania-Lehrfilmen schon längst gesehen haben. Karl Grune erfaßt die dämonische Physiognomie dieser Dinge und läßt sie photographieren. Der Riesenaufzug, der die Arbeiter in die Tiefen senkt und wieder ans Licht hebt, hat ein gefährlich-unheimliches *Gesicht.* (Es wird nur mit einem »Beleuchtungseffekt« herausgebracht.) Es ist wie das verkörperte eiserne Schicksal, das der Menschen Leben lenkt. Dieser Maschinenraum hat nicht weniger Pathos, als es alte Gemälde haben, die die schicksalwebenden Parzen darstellen. Wir sehen den Lift steigen und sinken, und es ist, als wenn wir den Herzschlag einer ganzen menschlichen Gesellschaft sehen würden.

Wir sehen eine Szene, wie die Arbeiter ihre Arbeitskittel anziehen und ihre Zivilkleider an einen Nagel hängen. Dann das Bild dieser hängenden Kleider. Es ist schauerlich. Wie die lange Reihe erhängter Menschen! Ja, der Mensch wird während der Arbeit »an den Nagel gehängt«.

Dann das Bild, wie hundert Arbeiter sich waschen. Eine Masse von feuchtschimmernden nackten Körpern. Es ist grauenvoll wie eine Menschenfleischbank. (Und alles liegt nur an der Einstellung, Beleuchtung und Photographie.)

Das Bild der rauchenden Schlote zeigt schwere Wolken hoffnungsloser Trübsal. Drei heulende Sirenen zeigen in ihren Dampfsäulen den Verzweiflungsschrei von tausend Menschen.

In einer Szene dieses Films wird die Gittertüre des Grubenaufzuges hinter einem Arbeiter geschlossen, als er eben merkt, daß sein Widerpart, auf den er eifersüchtig ist, mit seiner Frau fortgeht. Aber die Eisentüre ist schon zugefallen, der Lift sinkt schon, und der Betrogene blickt hinter dem Gitter wie ein Tier aus dem Käfig in hoffnungsloser Wut dem Feinde seines Lebens nach. So wird dieser Aufzug zu einem gewaltigen Symbol. Und doch ist nur eine alltägliche Wirklichkeit photographiert. Nur eben mit einer Sinn und Seele gebenden Betonung durch künstlerische Einstellung. Und aus dem Grubenaufzug, der den Arbeiter gefangen hält, seine Seele vergewaltigt und in das Joch eines seelenlosen Betriebes zwingt, aus dem Bild dieses einen Grubenaufzuges wird das gewaltige Symbol jeder Maschine.

So wie die Natur in der Kunst zur »Landschaft« wird, so wird in solchen Filmen die selbstgeschaffene Natur des Menschen, die Industrie*gegend*, zur beseelten Landschaft durch die Kunst.

Die Physiognomie als Kategorie und der Pansymbolismus

Eigentlich spreche ich schon die ganze Zeit darüber, daß die Dinge im Film eine symbolische Bedeutung haben. Man könnte einfach »Bedeutung« sagen. Denn »symbolisch« heißt ja soviel wie Bedeutung haben, über seinen eigenen Sinn hinaus noch einen weiteren Sinn meinen. Das Entscheidende dabei für den Film ist, daß *alle Dinge*, ohne Ausnahme, notwendigerweise symbolisch sind. Denn alle Dinge machen auf uns, ob es uns bewußt wird oder nicht, einen physiognomischen Eindruck. Alle und immer. Wie Zeit und Raum eine Kategorie unserer Wahrnehmung, also aus unserer Erfahrungswelt niemals auszuschalten sind, so haftet das Physiognomische jeder Erscheinung an. Es ist eine notwendige Kategorie unserer Wahrnehmung.

Der Regisseur kann also nicht wählen zwischen einer sachlich-objektiven und einer physiognomisch-bedeutsamen Darstellung der Dinge, sondern nur zwischen einer Physiognomik, die er beherrscht und bewußt nach seinen Absichten benützt, oder einer, die, dem Zufall überlassen, ihm wider alle Striche läuft. Die Töne klingen, ob er will oder nicht, und er *muß* sie zu sinnvoller Musik gestalten, sonst werden sie zu verwirrendem Geräusch.

Ein Zimmer kann geborgenes, heimliches scheues Glück, es kann trostlose Öde, es kann verstockten, giftigen Haß bedeuten, wo die Kanten jedes Möbelstückes wie Messerschneiden gegeneinander gezückt sind. Aber irgend etwas wird jedes Zimmer bedeuten wie ein Wort. Und da er es gebraucht, ist der Regisseur gezwungen, es sinngemäß zu gebrauchen. Die Dinge sind auch ohne sein Zutun symbolisch. Er muß eben ihre Symbole verwenden.

Wie wunderbare Ausdrucksmöglichkeiten gibt das! Ein Beispiel nur für viele. In dem Film *Die Flamme*, einem Meisterwerk von Lubitsch, verliebt sich eine Kokotte mit reinem Herzen und ganzer Seele in einen naiven, unschuldigen Jüngling. Sie erwartet einmal den Besuch ihres ahnungslosen Geliebten und will aus dem typischen Kokottenzimmer (in dem jedes Stück etwas Aggressives und Verlogenes hat wie die Schminke auf dem Gesicht) ein »anständiges«, solides Zimmer arrangieren. Sie wird sozusagen selbst zum Regisseur ihres Milieus. Und in dieser fieberhaft-aufgeregten Umstellung und Umordnung wird nicht nur die symbolische Bedeutung jedes Möbelstückes, jedes Gegenstandes und jeder ihrer Stellungen im Zimmer lebendig, wir sehen nicht nur zwei Lebenssphären in der Form von zwei verschiedenen Zimmereinrichtungen erscheinen, sondern auch die bange Sorge, Angst und Hoffnung und die unsagbare Zärtlichkeit eines gequälten Herzens, das von einem neuen Leben träumt, äußert sich hier in dem stummen Aufräumen und Umordnen eines Zimmers mit einer eindringlichen Deutlichkeit und Kraft, wie sie das Bühnendrama, nach dem der Film gedreht wurde, bei weitem nicht hat. Die trivialen Worte dieses Stückes fallen im Film weg und werden durch die Regienuancen Lubitschs und durch das beseelte Mienenspiel Pola Negris ersetzt.

Das Gleichnis im Bild

Das kann als ein Gleichnis betrachtet werden. Doch »alles Vergängliche ist nur ein Gleichnis«. Im Leben *nur* – im Film *auch*. Gerade darum ist es überflüssig, falsch und kitschig, in der begrifflichen Sphäre ausgedachte, literarische Gleichnisse in Filmbilder zu übersetzen und etwa bei einer Sterbeszene den Knochenmann mit der Sense auftreten zu lassen oder eine gebrochene Lilie zu zeigen, wenn der Verlust jungfräulicher Unschuld uns bekanntgegeben werden soll. Und nicht nur darum, weil dieses Gleichnis des Gleichnisses roh und aufdringlich ist, sondern auch darum, weil – wie schon gesagt – Bilder immer eine Gegenwart haben. Das heißt, die Dinge haben ihre eigene Wirklichkeit und außerdem noch eine weitere Bedeutung. Aber *nur* jene Bedeutung zu haben ohne unmittelbare eigene Realität, das macht das Bild jedes Dinges zu einer toten und leeren Vignette.

Auf dem Bilde wird alles zum Gleichnis. Nicht nur die Formen und Gestalten, sondern auch ihre Beleuchtung und Placierung und ihre Größenverhältnisse. Darum muß man sehr vorsichtig sein. Man soll zum Beispiel eine tragisch-ernst gemeinte wichtige Szene womöglich nicht in der Perspektive inmitten einer gewaltigen Landschaft oder einer großen Menschenmasse zeigen; sonst wird sie ihr tragisches Gewicht und Pathos einbüßen. Die gewaltigste menschliche Geste wird zu einem kindisch-hilflosen Zappeln, wenn ein Gletscher im Hintergrunde steht, und die blutigste persönliche Affäre versinkt im Strom einer großen Massenbewegung. Denn es gibt bedeutungslose Worte, aber es gibt kein bedeutungsloses Bild.

Wunder und Gespenster

Die Natur im Film ist ein gar eigenes, problematisches und heikles Ding. Zum Beispiel läßt sie sich auf die wunderlichste Art »expressionistisch« deformieren, aber beseitigen läßt sie sich nicht. Man sollte doch meinen, daß der Film schon auf Grund seiner technischen Möglichkeiten die geeignetste Gattung für Wundermärchen und Zaubergeschichten sei. Man sollte meinen, aber es ist nicht so.

Denn daß ein Ding unnatürlich ist, das fühlen wir nur so lange, als uns seine natürliche Form, von der es abweicht, noch gegenwärtig ist. Daß ein Hund so groß wie ein Elefant ist, wird wunderbar und unheimlich sein, solange wir noch sehen, daß es ein Hund ist. Wenn wir das nicht mehr erkennen, dann ist es einfach ein anderes Tier. Ein baumlanger Mensch ist grauenvoll. Aber ein Riese? Ein baumlanger Riese hat noch gar nichts zu sagen.

Es ist wunderbar und unheimlich, wenn *in dieser Welt* unwahrscheinliche Dinge geschehen. Aber in einer anderen, in einer Märchenwelt, ist das alles doch selbstverständlich. Wenn sich das Gesicht der Natur verzerrt, kann es einen gespenstischen und übersinnlichen Ausdruck bekommen. Aber nur so lange, als wir noch das Gesicht *dieser Natur* erkennen. Wenn die Formen eines Gesichtes auseinanderfallen, dann hört eben jeder Ausdruck auf. Mit einem Wort: das Übernatürliche kann nur mit dieser Natur dargestellt werden. Märchenbilder im Film wecken nie das Gefühl von Mystisch-übersinnlichem, sondern nur von einer anderen Natur, in der unbekannte Wesen leben, und sie haben immer etwas Freundlich-beruhigendes wie die Ammengeschichten.

Damit soll nicht gesagt werden, daß man keine Märchenfilme machen soll. Warum auch nicht? Märchen sind schön und geben für den Film ganz besondere poetisch-malerische Bildmöglichkeiten. Man soll nur von den Märchenwundern im Film keine tragisch-unheimlichen Wirkungen erwarten. Ein Märchenwunder im Film kann nie ernst genommen werden, trotzdem die Filmtechnik jede Illusion möglich macht. Oder gerade darum. Denn das Publikum hat ein *Bewußtsein des Technischen* dem Film gegenüber, und das schauerlichste Märchenwunder amüsiert uns als geistvoller technischer Trick.

Es hat aber auch einen tieferen Grund, daß im Film das Übernatürliche mit Märchengestalten nicht darzustellen ist. Das liegt im Wesen des Bildes. Denn die Erscheinung eines Tieres mit *einem* Kopf trägt kein Zeichen einer größeren »Natürlichkeit« an sich als die eines Tieres mit zehn Köpfen. Wir glauben bloß zu wisse; daß es solche Tiere nicht gibt. Würden sie aber plötzlich erscheinen, dann würden sie uns nicht übernatürlich, höchstens widernatürlich vorkommen wie eine Mißgeburt mit zwei Köpfen.

Mit dem Übernatürlichen ist es nämlich geradeso wie mit den Traumgestalten. Nicht die Form vor allem, sondern die Substanz und die Physiognomie der Dinge lassen sie uns transzendent und gespenstisch erscheinen. Je naturalistischer sie im übrigen dargestellt werden, um so unheimlicher wirken sie. Der *Caligarifilm* zum Beispiel hat genug Schauriges enthalten, aber seine stark stilisierte Ornamentalität löste doch jeden Schrecken, jede Angst in die ästhetische Harmonie der Dekorativität auf, und gerade das Traumhafte jener Bilder hielt sie in schwebender Ferne. Wenn sich aber die altbekannte Türe unseres Zimmers plötzlich langsam und geräuschlos öffnet und niemand tritt ein, wenn unser Vorhang ins Zimmer flattert und waagrecht in der Luft stehenbleibt und ein Gesicht zum Fenster hereinschaut, wenn die natürliche Natur unserer nächsten Umgebung ihre Physiognomien und Gebärden ändert, dann lernen wir das Gruseln kennen.

Es gab einen Film, der *Nosferatu* hieß und sich mit Recht eine »Symphonie des Grauens« nannte. Fieberschauer und Alpdruck, Nachtschatten und Todesahnung, Wahnsinn und Geisterspuk wurden da in die Bilder düsterer Berglandschaften und stürmender See gewoben. Es kam auch ein Geisterwagen im Walde vor, der war weder übersinnlich noch grauenvoll. Aber über seinen Naturbildern lag die Ahnung des Übernatürlichen. Sturmwolken vor dem Mond, eine Ruine in der Nacht, eine dunkle, unkenntliche Silhouette im leeren Hof, eine Spinne auf einem Menschengesicht, das Schiff mit schwarzen Segeln, das in den Kanal hineinfährt und auf dem kein Lebewesen sichtbar ist, das es lenkte, heulende Wölfe in der Nacht und Pferde, die plötzlich scheuen, ohne daß wir wüßten, wovor – das waren alles naturmögliche Bilder. Aber ein frostiger Luftzug aus dem Jenseits wehte in ihnen.

Gewiß ist, daß keine geschriebene und gesprochene Dichtung das Gespenstische, Dämonische und Übernatürliche so zum Ausdruck bringen kann wie der Film. Denn die Sprache des Menschen ist ein Erzeugnis seiner Rationalität, und darum sind auch die orphischen Worte dunkler Zaubersprüche höchstens unverständlich, aber nicht »übernatürlich«. Das heißt, *es liegt im Wesen des Wortes, daß es unverständlich wird, wenn es unbegreiflich ist.* Das ist eine Selbstwehr der menschlichen Intelligenz. Aber ein Anblick *kann deutlich und verständlich, obwohl unfaßbar sein. Und das ist es, was uns die Haare zu Berge steigen macht.*

Amerikanischer Realismus

Es gibt amerikanische Filme, die eine sehr starke Wirkung ausüben können, obwohl sie anscheinend nur eine getreu kopierte, ungeformte Natur »an sich« darstellen. Freilich könnte man sagen, daß schon die bloße Auswahl der Motive ein Formen ist. Trotzdem ist es so, daß keine komponierte Fabel, keine aufgebaute Handlung das kontur- und richtungslose Fluten des rein Stofflichen stört. So sind zum Beispiel jene amerikanischen »Mutter-Filme«, die in letzter Zeit jede bessere Kunstabsicht in Tränen ersticken.

Doch nicht alles, was wirkt, ist schon Kunst. Auch die Zeitungsnachricht von einem schweren Unfall kann tief erschüttern.

Solche Filme sind keine Kunst, die Empfindungen weckt. Sie rühren nur an schon vorhandene Gefühle, und unsere eigene Erinnerung besorgt den Rest. Denn wahrlich, der Redner an einem Grabe muß auch kein großer Künstler sein, um der Witwe und den Waisen Tränen zu entlocken.

Diese amerikanischen Mutter-Filme geben ein ungestaltetes Stimmungsrohmaterial, und wenn wir auch in Tränen zerfließen, werden wir sagen, es ist keine Kunst. Es sind Kinoreporte des Familienlebens, Urania-Lehrfilme der Mutterliebe, in denen, wie etwa die verschiedenen Etappen der Zigarettenfabrikation, die verschiedenen Situationen und Gemütszustände einer Mutter gezeigt werden, die mit ihren Kindern Kummer oder Freude hat. Weil man aber selbst eine Mutter hat oder hatte, gedenkt man ihrer mit feuchten Augen.

Es ist eine fertig vorgefundene Naturwirkung, die benützt wird, eine künstlerische Wirkung zu ersetzen. Auch Blumen sind schön und werden nicht erst in der Malerei zur Kunst, sondern auch schon im artistischen Arrangement des Straußes. Aber etwas muß mit ihnen geschehen. Auch Edelsteine sind schön. Zum Kunstwerk werden sie doch nur in der Hand des Goldschmiedes. Das ist eben unser europäisches Vorurteil.

Freilich ist nicht zu leugnen, daß die Darstellung der einzelnen Szenen, die schauspielerische Leistung bei der Darstellung der einzelnen Gefühle auch im europäischesten Sinne Kunst ist. Gewiß gibt dieser amerikanische Realismus in einzelnen Szenen ganz Vorzügliches. Nur der *ganze Film* ist immer schlecht. Das Talent des Regisseurs und der Schauspielerin (Mary Carr zum Beispiel gehört zu den größten) entfaltet sich in solchen Filmen sozusagen gegenstandslos. (Wie oft geschieht das in Filmen, in denen bedeutende Schauspieler unbedeutende Rollen zu spielen haben!) Wie wenn eine gute Sängerin drauf lossingt, ohne eine bestimmte Melodie zu meinen. Wir ergötzen uns vielleicht am Material ihrer herrlichen Stimme, wir sind entzückt von der Naturerscheinung ihres Talentes und sehnen uns danach, sie an den festen Formen eines Kunstwerkes sich emporranken zu sehen.

Tiere

Es wurde gesagt, daß es im Film – wie auch in jeder anderen Kunst – nicht auf die objektive »Natur an sich« ankommt, sondern auf das persönliche Verhältnis des Menschen zu ihr. Und dennoch gibt es Dinge im Film, die ihren ganz besonderen Reiz darin haben, daß sie vom Menschen vollkommen unbeeinflußte, ursprünglichste Natur zeigen. So die Tiere und die Kinder.

Die besondere Freude, Tieren auf dem Film zuzusehen, liegt darin, daß sie nicht spielen, sondern leben. Sie wissen nichts vom Apparat und machen ihre Sache mit naivem Ernst. Selbst wenn sie dressiert vorgeführt werden, wissen nur wir es, daß es Komödie ist. Sie wissen es nicht und nehmen alles tödlich ernst. Es ist ja auch die Absicht jedes Schauspielers, die Illusion zu wecken, daß seine Mienen nicht nur »Darstellungen« sind, sondern Ausdruck wirklich gegenwärtigen Gefühls. Aber kein Schauspieler kommt darin den Tieren gleich. Denn bei diesen ist es keine Illusion, sondern echteste Tatsache. Es ist keine Kunst, sondern belauschte Natur. Wobei dieser Natureindruck von Tieren auf dem Film noch besonders dadurch so vollkommen ist, daß ja die Tiere ohnedies nicht sprechen, mithin ihr stummes Mienenspiel im Film eine viel geringere Reduktion bedeutet als das der Menschen.

Und dennoch bedeutet dieses »Belauschen« ein persönliches Verhältnis, eine besondere Attitüde der Natur gegenüber, die immer mit einer ganz eigenen Erregung verbunden ist und die Stimmung eines seltenen Abenteuers hat. Denn die Natur genau aus der Nähe zu sehen und gar sie unbemerkt zu sehen – ist gar nicht natürlich. Unser Normalzustand ist, daß wir alle Dinge unserer Umgebung halbverschwommen im Nebel einer gewohnheitsmäßigen Verallgemeinerung und einer schematischen Begriffsbildung sehen. Wir beachten nur den möglichen Nutzen und Schaden der Dinge für uns – *sie selber* bemerken wir im seltensten Fall.

Wenn nun der Operateur mit seinem Kurbelkasten diesen Nebel – wie einen Star vor unseren Augen – durchsticht, dann erscheint uns plötzlich ein ungewohntes, geheimnisvolles, *unnatürliches* Bild der Natur. Wir haben manchmal das Gefühl, ein tiefes, heiliges Geheimnis belauscht, ein verborgenes Leben ertappt zu haben, das oft die Heimlichkeit von etwas Verbotenem hat.

Besonders das unbemerkterweise Belauschen des fremden Lebens hat etwas Aufregendes. Denn natürlich ist, daß wir selbst dabei sind, wenn wir etwas sehen. Doch gehört es zu den tiefsten metaphysischen Sehnsüchten des Menschen, zu sehen, wie Dinge sind, wenn man nicht zugegen ist. Dazu bietet der Kurbelkasten

Gelegenheit. Solche Bilder der Natur enthalten immer *eine ganz besondere Stimmung*. Und auf die kommt es vor allem an.

Wie interessant Physiognomie und Mienenspiel der Tiere sind! Und wie geheimnisvoll, daß wir sie verstehen! Freilich auf Grund einer Analogie. Aber vielleicht ist diese berechtigt? Und zu welchen feinen Wirkungen ein Regisseur die Verwandtschaft von Tier- und Menschenphysiognomien benützen kann! Wenn Conrad Veidt als indischer Fürst im Joe-May-Film *Das indische Grabmal* durch eine ganz unauffällige Bewegung des Mundes plötzlich einem Tiger ähnlich sieht, dann fühlen wir geheimnisvolle Zusammenhänge von seelischen und Naturgewalten, deren Mysterium nicht mit Worten zu erklären wäre.

Welche noch unverbrauchten Möglichkeiten der Poesie der Tierfabeln liegen da! Ein Kipling des Films täte not. Und wieviel entzückender Humor und süße Ironie steckt in dieser Verwandtschaft. Darin, daß die Tiere eigentlich alle Karikaturen gewisser Menschentypen sind und dabei von unmaskierter Echtheit. Das ist die doppelte Freude bei ihrem Anblick. Daß diese Tiere die Physiognomien von Menschen tragen und zugleich ihre eigenen lieben und ehrlichen Tiergesichter behalten.

Kinder

Auf dem Film hat das Baby denselben Reiz der belauschten Natur wie das Tier. Es spielt nicht, es lebt. Aber auch bei größeren Kindern, die schon spielen, ist es die Natur, das Natürliche ihrer unbewußten Mienen und Gebärden, welches uns mehr entzückt als ihr Spiel. Denn für uns Erwachsene ist die Physiognomie der Kinder geradeso seltsam und geheimnisvoll wie die der Tiere, und geheimnisvoller noch dadurch, daß sie nicht so fremd ist. Und gar Kinder zu beobachten, die sich unbeobachtet wähnen, ist wie die Ahnung eines verlorenen Paradieses.

Es gibt erwachsene Dichter, die die Psychologie des Kindes gut kennen und seine Sprache gut nachahmen können. Aber die Mienen und Gebärden eines Kindes darstellen, ein Kind spielen kann naturgemäß ein Erwachsener niemals, weil zwar die Worte des Kindes ihm zur Verfügung stehen, aber seine kleinen Händchen, sein zartes Gesichtchen nicht.

Nun ist es eine sehr auffallende Tatsache – die ich vielleicht nicht genügend erklären kann –, daß Kinder im Film eine viel größere Rolle spielen als auf dem Theater. Auf der Bühne kommt nur ihre Rolle im Stück in Betracht, in der sie ihre Kunst zeigen müssen. Im Film aber wird – wie schon gesagt – durch Großaufnahmen ihr Mienen- und Gebärdenspiel so nahe gerückt, daß wir uns daran – von Rolle und Stück ganz unabhängig – als an einer Naturerscheinung ergötzen können wie am Anblick eines Vogeljungen in seinem Nest. Auf der Bühne wirkt ein Kind, das schlecht spielt, unsagbar peinlich. (Und selbst wenn es gut spielt, wird man ein Unbehagen nicht los.) Auf dem Film kann uns ein schönes Kind, auch wenn es nicht gut spielt, ein angenehmer Anblick sein. Das kommt auch daher, daß das Mienenspiel eines Kindes, das sich doch notwendig aus der angeborenen Physiognomie entwickeln muß, nie so falsch sein kann wie seine angelernte Sprache. Es sind doch immer nur seine Hände, die es gebraucht. Aber nicht immer seine Worte. Freilich darf man hinter seinen Bewegungen nie den Regisseur spüren wie den Drahtzieher hinter einer Marionette. Der Onkel Regisseur muß es eben verstehen, das Kind loszulassen, so daß es sich aus eigenem Impuls bewegt.

Tatsache ist aber auch, daß der Film eine ganze Reihe von Kindern aufweisen kann, die vorzüglich spielen. Auf dem Theater sind noch nie Kinderschauspieler entstanden, die so vollkommene und große Künstler wären wie etwa der kleine Jackie Coogan. Man schreibt auch keine großen Rollen für kleine Kinder, weil niemand da ist, der sie spielen könnte. Hingegen wird heute fast gar kein Film gedreht, in dem man nicht wenigstens ein Kind mitspielen ließe. Woran das liegt, kann ich nicht ganz erklären. Vielleicht auch daran, daß der mimische Ausdruck – als der ursprünglichere – früher vorhanden ist und reift als die Ausdrucksfähigkeit mittels der Sprache.

Es liegt aber auch bestimmt an der ganzen Atmosphäre und Mentalität des Films, daß das Kind mehr Spielraum darin hat. Die Welt des Films ist eben kindlicher. Denn jene Poesie des kleinen Lebens, welche die eigenste Substanz des guten Films ist, ist aus der näheren Perspektive der kleinen Leute sichtbarer. Die Kinder kennen die geheimen Winkel des Zimmers besser als die Erwachsenen, weil sie noch unter Tisch und Diwan kriechen können. Sie kennen die kleinen Momente des Lebens besser, weil sie noch Zeit haben, bei ihnen zu verweilen. *Die Kinder sehen die Welt in Großaufnahmen.* Die Erwachsenen aber, nach fernen Zielen eilend, schreiten über die Intimitäten der Winkelerlebnisse hinweg. Denn Menschen, die schon wissen, was sie wollen, wissen meist nur dieses eine und sonst nichts. Nur spielende Kinder verweilen sinnend bei Einzelheiten.

Deshalb ist das Kind in der Atmosphäre des Films viel mehr zu Hause als in der der Bühne. Diese kindlichere Mentalität des Films macht es ja, daß sich die Amerikaner so gut darin ausleben können. Darum enthalten auch so oft die amerikanischen Filme eine Kinderpoesie, die wir alten Europäer nie zustande bringen können. Da ist die Kinderpoesie Mark Twains, die auf einer Gleichheit der Kinder mit den Erwachsenen beruht. Da ist die Poesie des wunderbaren Films *The Kid*, in dem Chaplin und Jakkie Coogan die Freundschaft zwischen einem kleinen Kind und einem Stromer darstellen.

Bei uns in Europa gibt es nämlich eine Verschiedenheit und einen Kampf der Generationen, der erbitterter geführt wird als der Klassenkampf. Drüben aber scheint eine demokratische Gleichheit zwischen den Generationen zu herrschen. Freilich vertragen sich auch die Erwachsenen Dostojewskis mit den Kindern. Das kommt aber daher, daß bei dem Russen auch die Kinder ernst und eigentlich erwachsen sind. Die Basis aber, auf welcher sich der erwachsene Amerikaner mit dem Kinde – bei Mark Twain, im *Kid* oder in anderen Filmen – verständigt, ist die Kindlichkeit. In dieser Welt der intellektuellen Naivität, die keine begrifflichen Abstraktionen, sondern nur unmittelbar-sichtbare Erlebnisse kennt, wächst auch die Bedeutung des Kindes zu einer fast ebenbürtigen Kunstfähigkeit mit den Erwachsenen.

Sport

Unsere Freude an der Darstellung von sportlichen Leistungen im Film ist auch ein Natur- und kein Kunstgenuß. Womit nichts dagegen gesagt sein soll. Man geht wegen der Lust des Schauens ins Kino, und ein Schmock, wer sich diese Wonne nur von geeichter Kunst bieten läßt.

Die Sportaufnahmen im Film haben den Vorzug vor der Wirklichkeit, daß sie viel sichtbarer sind. Denn auf dem Sportplatz können wir nur an *einer* Stelle auf einmal sein und die Vorgänge nur aus *einer* Perspektive sehen. Im Kino aber sehen wir sie von vorne und rückwärts, von dieser und von der anderen Seite, wodurch der spannende Moment (der in Wirklichkeit zu schnell verfliegt, um richtig begriffen und ausgekostet zu werden) einigemal zurückgeholt und die Zeit fast zum Stehen gebracht wird. So kann das Kinopublikum beim Schnellen verweilen, beim Plötzlichen verbleiben und – ganz unnatürlicherweise – Dinge betrachten, in deren eigentlichem Wesen es liegt, daß man sie höchstens bemerken, aber nicht betrachten kann.

Bewegung

Die sportliche Leistung kann aber auch zur künstlerischen Ausdrucksbewegung werden. Das Tempo eines Galopps drückt oft viel mehr Erregung, ein Sprung viel mehr spontanen Leidenschaftsausbruch aus als eine Miene oder eine Gebärde. Das ist überhaupt eine große Bereicherung des Films der Bühne gegenüber, daß er die Bewegung, das Tempo als Ausdrucksmittel verwerten kann.

In einem amerikanischen Film findet ein Sohn seine unglückliche und verschollene Mutter in einem Armenhause und bringt sie heim. Man hat sich schon umarmt und geküßt und Tränen des Glücks geweint. Wie kann der Regisseur diese Stimmung noch steigern, wenn er nicht will, daß sie vor der Schlußszene, die anderswo spielt, abflaut? Er läßt den Sohn die Mutter auf einen Wagen setzen und mit ihr in rasendem Galopp zu jener Stätte jagen, wo die nächste Szene schon vorbereitet wird. Die stürmende Fahrt wird zum Symbol der stürmenden Sehnsucht. Schneller, schneller! Das wachsende Tempo wird Ausdruck der wachsenden Ungeduld. Häuser, Bäume, Menschen fliegen an dem rasenden Wagen vorbei, in überschwenglichem Rausch des Glückes vergeht die Welt. Und als sie endlich ankommen, hat ihre Ankunft eine heiße Intensität, wie wenn ein Wurfgeschoß ins Zimmer geflogen käme.

Überhaupt spielen Pferd und Auto, Flugzeug und Schiff nicht nur darum eine so große Rolle im Film, weil sie an sich schon »Sehenswürdigkeiten« sind. Es ist immer der Mensch, der sich in ihrer Bewegung bewegt, seine Gesten sind es, die hier nur weit ausgelegt werden. Die Fläche der menschlichen Ausdrucksbewegung wird durch sie riesenhaft vergrößert.

Auch das große Erlebnis der Schnelligkeit kann nur im Film dargestellt werden. In der Wirklichkeit sehen wir nur einen Moment, einen Querschnitt der Bewegung. Im Film *begleiten wir aber den Läufer und fahren mit dem schnellsten Auto mit.* Die Bewegung im Film ist nicht nur eine sportliche oder »natürliche« Tatsache, sondern kann höchster Ausdruck eines Lebens- oder Gefühlsrhythmus werden.

Daher auch die Spannung einer *Verfolgung* im Film, die zu seinen eigensten und sichersten Wirkungen gehört. Es gibt keine Kunst, die Gefahr so darstellen könnte wie der Film. Denn in jeder anderen Darstellung ist sie entweder noch nicht oder schon da. Aber das Schicksal im Rollen, *die Gefahr in Sicht*, die noch nicht zugegen, aber schon gegenwärtig ist, ist ein spezielles Filmmotiv. In den Szenen einer Verfolgung kann der Film die Minuten der Angst und der Hoffnung durch das »bald, bald!« und »noch immer nicht!« in sichtbare dramatische Sekunden teilen, ausdehnen, und so das Schicksal nicht nur in seiner Wirkung zeigen, sondern *es selbst* in seinem lautlosen Fluge durch die Zeit.

Wenn es im Film ausschließlich auf die sichtbaren, also auf körperliche Aktionen des Menschen ankommt, so ist es klar, daß sportliche und akrobatische Produktionen als zuhöchst gesteigerte Ausdrücke seines leiblichen Lebens gelten können.

Hier liegt aber auch eine Gefahr für den Film, der nicht nur Sehenswürdigkeiten bieten, sondern die Geschichte eines Menschenschicksals darstellen will. Je bedeutender und interessanter die sportliche Leistung ist, die wir auf dem Film sehen, desto mehr löst sie sich von der dramatischen Handlung los, hört auf, *Ausdrucksbewegung* zu sein, bekommt einen selbständigen Sinn und wirkt ähnlich wie eine Varieténummer als Einlage in das Stück.

Wenn ein Verfolgter über einen Graben springt, so ist es vorläufig noch *die Verfolgung*, die uns aufregt und interessiert. Wenn aber dieser Sprung eine besondere sportliche Leistung ist, so interessiert uns *der Sprung* unabhängig vom Stück und seiner Bedeutung darin. Der Schwerpunkt des Interesses verschiebt sich, und das Stück wird uns als zufällige Unterlage zu der »Sensation« erscheinen.

Gerade der *Sportcharakter* ist es, den die körperlichen Leistungen des Filmhelden nicht annehmen dürfen, selbst wenn er die schwierigsten Kunststücke vollbringt. Denn Sport bedeutet Bewegung als Selbstzweck und ist als Ausdrucksbewegung nicht zu gebrauchen. Das ist manchmal eine haarfeine Grenze, die der Regisseur fühlen muß. Der Boxende darf nie »ein Boxer«, der Laufende nie »ein Läufer« werden. Denn ein Professionistengeschmack schleicht sich ein, der unseren Zweifel an der Echtheit weckt und der Handlung die Lebensunmittelbarkeit raubt.

Sensationen

Die Sensationen sind Sehenswürdigkeiten, deren Reiz und Wirkung auch in der Illusion liegen, daß sie uns in naturgetreuen, authentischen Originalaufnahmen vorgeführt werden. Man ist doch so selten dabei, wenn zwei Lokomotiven zusammenprallen, eine Brücke einstürzt, ein Turm in die Luft gesprengt wird, ein Mensch vom fünften Stock hinunterstürzt. Man ist neugierig, zu wissen, wie das in Wirklichkeit aussieht. Insofern haben diese Attraktionen nichts mit Kunst zu tun.

Aber die Seltenheit allein erklärt den Reiz der Sensationen nicht. Es gibt Blumen- oder Schmetterlingsarten, die mindestens so selten zu sehen sind wie eine große Feuersbrunst, und sie werden auf dem Film doch nicht so wirken.

Es ist die ungefährliche Gefahr, die wir dabei so ganz besonders genießen. Wie dem wütenden Tiger hinter dem Käfiggitter, sehen wir auf dem Film dem gefesselten Tod ganz von der Nähe zu, mit dem angenehmen Gruseln des Bewußtseins, daß uns nichts geschehen kann. Es ist die Lust eines dumpfen, animalischen Überlegenheitsgefühls, daß wir da auf dem Film den Dingen endlich in die Augen sehen können, vor denen wir immer die Augen schließen, wenn sie in Wirklichkeit erscheinen.

Aber die Gefahr hat auch eine ausdrucksvolle Physiognomie, die herauszubringen die Kunst des Regisseurs und Operateurs ist. Denn es gibt ganz schreckliche Katastrophen, die gar nicht so aussehen und die nur in ihren Wirkungen schrecklich sind. Mit diesen kann der Film nichts anfangen. Aber es gibt da ein seltsames Geheimnis: daß der Mensch auch das Mienenspiel der Elemente versteht. Wir sehen den Zorn, die unheilvolle Drohung auf dem Gesicht der Materie wie auf dem Gesicht unserer Mitmenschen und der Tiere. Das ist wie ein sechster Sinn, den offenbar auch die Tiere haben, die noch ferne und unbekannte Gefahren wittern können. Diese Hellsichtigkeit für das Mienenspiel der Materie muß der gute Regisseur haben.

Die Sensation kann auch im strengsten Sinne künstlerisch verwertet werden als Akzent der äußersten Steigerung, als Ausrufungszeichen beim Kulminationsmoment der Handlung. Sie wird dann sein wie Trommelwirbel und Paukenschlag einer musikalischen Begleitung. Dann breitet sich die Ausdrucksfläche des Menschen über die ganze Materie aus, und das Brechen der Balken, das Stürzen der Felsen wird zur symbolischen Ausdrucksbewegung seiner Gefühle.

Dies geschieht freilich nur dann, wenn der Moment der äußeren und inneren Katastrophe ganz zusammenfällt, die Explosion außen und innen im selben Augenblick geschieht. Sonst wirkt die Sensation nur als »Einlage« und wird – wie schon von gewissen sportlichen Leistungen gesagt wurde – zu einer selbständigen Begebenheit, die sich von der Handlung loslöst und uns ohne Beziehung auf diese interessiert und stört. Je größer die Sensation ist, um so naheliegender ist die Gefahr – wie eben auch bei sehr auffallenden Sportleistungen.

Aber nicht nur die Wirkung des Stückes, sondern die Wirkung der Sensation selbst wird beeinträchtigt, wenn man den Eindruck hat, daß das ganze Stück nur um ihretwillen da ist. Das ist geradeso wie mit den Witzen, die auch viel wirksamer sind, wenn sie unvorbereitet, spontan aus dem Gespräch entspringen, als wenn sie als »Witz« mit einer eigens zu diesem Zweck erfundenen Anekdote erzählt werden.

Es gibt gewisse scheinbar rein körperliche Gefühle, die eine gut aufgenommene Sensation unseren Nerven mitzuteilen und dadurch ihre Wirkung zu steigern vermag. Das ist vor allem das *Schwindelgefühl*, das als optisches Erlebnis durch den Film geweckt werden kann. Die größte Katastrophe, die in dem von unserem Raume geschiedenen Raume des Bildes sich abzuspielen scheint, wird nie so wirken, wie das Bild eines Abgrundes, der sich *vor unseren Augen* öffnet, als wenn wir selber über ihm stehen würden. Der Einsturz eines Turmes in der Ferne ist nicht so erschreckend wie der Sturz eines Balkens, der aus dem Bilde heraus, über *unseren* Kopf zu fallen scheint. Der Regisseur wird diese Wirkung wohl beachten. Die momentane Illusion einer *eigenen* Gefahr ist doch immer wirksamer als das Bild der Katastrophen, die über andere hereinbrechen.

Fanatiker des Filmnaturalismus berufen sich häufig darauf, daß der Film keine gemalten Kulissen verträgt und eine viel größere Naturechtheit der Gegenstände fordert als das Theater. Das ist Tatsache. Es ist zum Beispiel bezeichnend, daß der Film im Film denselben Reiz hat wie das Theater auf dem Theater. Dieser zweite Film verleiht dem ersten eine relative Wirklichkeit. Aber Theater auf dem Film wirkt immer schlecht. Weil die *eingestandene Schminke* dem Film sein Wesen zu nehmen scheint: die Illusion einer Wirklichkeit, die anscheinend schon durch die Tatsache der Photographie suggeriert wird.

Es ist auch meine Erfahrung und Überzeugung, daß die Ausstattung eines Films unbedingt echt sein muß. Nur sehe ich den Grund dafür nicht darin, daß »die Photographie nicht lügt«. Nicht darauf kommt es hier an, sondern darauf, daß sie *ein Abbild* ist. Wenn sie nun keinen Originalgegenstand darstellt, wird sie zum Abbild eines Abbildes und verliert vollends die Realität. Eine Kulisse auf dem Theater kann wirken. Aber eine photographierte Kulisse ist die Reproduktion einer Reproduktion, und die sinnfällige Materie verflüchtigt sich in ihr zu Andeutungen.

Die Bilderführung

Die Bilderführung, das ist die Reihenfolge der Bilder und ihr Tempo und entspricht dem Stil in der Literatur. Wie dieselbe Geschichte ganz verschieden erzählt werden kann und ihre Wirkung eigentlich von der Prägnanz und dem Rhythmus der einzelnen Sätze abhängt, so wird die Bilderführung dem Film seinen rhythmischen Charakter geben. Durch sie wird der Bilderfluß einmal gelassen und breitströmend sein wie die Hexameter eines alten Epos, ein andermal balladenhaft, atemlos aufflackernd und wieder verlöschend oder dramatisch steil getürmt oder kapriziös prickelnd. Die Bilderführung ist der lebendige Atem des Films, und alles hängt von ihr ab.

Das erste Problem der Bilderführung entsteht durch die Unkonjugierbarkeit der Bilder. Man kann schreiben: »der Held *ging* nach Hause, und als er eintrat...« Das Bild aber hat nur Gegenwart, und im Film kann man nur zeigen, daß er *geht.* Oder gar nichts. Und die Frage ist: Was kann man, was soll man weglassen?

Regisseure, die vom Theater herkommen, bringen oft das Vorurteil der »Konzentration auf das Wesentliche« mit und »ballen« den Film zu großen, ausführlichen und entscheidenden Bombenszenen. Zwischen diesen wird immer ein kalter, luftleerer Raum entstehen. Das warm-lebendige Fließen des Lebensstromes wird zu großen Eisblöcken gefroren.

Das »Wesentliche« im Film liegt eben ganz woanders als im Drama, in einer anderen Dimension. Auch der Romanschreiber weiß, warum er seine Geschichten nicht in drei konzentrierten großen Akten darstellt, warum er tausend kleine »Nebensächlichkeiten« erzählt. Es kommt ihm eben auf jenes Weben der Atmosphäre an, das immer zerreißt und unsichtbar wird, wenn der Sinn der Handlung in der großen Szene hell aufflammt. Dieser Sinn mag der Kern des Ganzen sein. Aber nicht vom Kern kommen Saft und Duft einer Frucht. Doch die Worte, die der Romancier gebrauchen muß, sind noch immer scharf umrissene Begriffe, die mit spitzen Krallen einen eindeutigen Sinn aus allem herauskratzen. In der reinen Visualität des Films kann aber jenes »*Unbestimmte*« erscheinen, das auch bei den besten Romandichtern nur zwischen den Zeilen zu lesen ist.

Der gute Regisseur wird mit einer »dünnflüssigen« Bilderführung vieler Nebenszenen arbeiten, die uns immer überraschend und neu sein werden wie die Momentaufnahmen einer Bewegung, die uns ganz unbekannte Positionen des Körpers zeigen. Aber die Bewegung des Lebens besteht auch aus solchen unbekannten Einzelpositionen (Positionen der Seele), welche von einer aufs »Wesentliche« gerichteten Betrachtung verwischt werden und die uns der Film zum erstenmal zeigt.

Die Zwischenbilder

Die ausschließliche Gegenwart der Bilder macht die *Zeitperspektive* zu einem besonderen Problem der Bilderführung. Da in der visuellen Kontinuität die Originalzeit des Ablaufs einer Handlung dargestellt wird, kann man »Zeit vergehen lassen«, nur indem man die Szene durch ein Zwischenbild unterbricht. Aber *wieviel* Zeit inzwischen vergangen ist, das kann durch die Länge des Zwischenbildes nicht fühlbar gemacht werden.

Die Länge der Zeit ist keine objektive Tatsache, die mit der Uhr zu messen ist, sondern eine Stimmung. Der Rhythmus der Szene, der Raum, in dem sie sich abspielt, sogar seine Beleuchtung werden darüber entscheiden, ob wir das Gefühl haben, daß eine Minute oder viele Stunden vergangen sind. Da gibt es seltsame Zusammenhänge zwischen Raum- und Zeitgefühl, die einer näheren psychologischen Untersuchung würdig wären. Zum Beispiel die Tatsache, daß, *je entfernter der Ort der Zwischenszene von dem der Hauptszene liegt, eine um so längere Zeitillusion in uns geweckt wird.* Wenn wir die Szene in einem Zimmer durch eine andere im Vorzimmer unterbrechen, mag diese noch so lang sein, wird sie nicht mehr vergangene Zeit bedeuten, als ihr wirklicher Ablauf darstellt. Wenn uns aber das Zwischenbild in eine andere Stadt oder gar in ein anderes Land führt, mag es noch so kurz sein, wird es die Illusion eines so großen »Zeitraumes« wecken, daß wir uns nachher nicht mehr in die Szene von vorhin zurückversetzen können.

Die notwendige Technik der Zwischenbilder und die Notwendigkeit der visuellen Kontinuität erscheinen oft als ein fast unlösbarer Widerspruch und machen die Bilderführung zur heikelsten Aufgabe des Regisseurs. Er muß es verstehen, die Stimmung eines Bildes hinüberleuchten zu lassen in das nächste Bild. Denn wie dieselbe Farbe auf einem Gemälde verschieden wirkt, je nachdem eine oder die andere Farbe daneben steht, so wird auch die Stimmung jeder Szene von der vorangegangenen abhängig sein. Das Zwischenbild darf also von der aktuellen Handlung abweichen, muß aber eine Stimmungsbeziehung zu ihr haben.

Diese Stimmungskontinuität wird auch zur Trägerin der Erinnerung an die Vorgeschichte und die Zusammenhänge, wenn man von dem Notbehelf der Titel nicht Gebrauch machen will. Kleine Motive, Dinge, Gebärden und manchmal nur eine Beleuchtung werden in uns die Assoziation einer vergangenen Szene wachrufen und wie leise, kaum bewußt werdende visuelle Leitmotive den inneren Zusammenhang, die durchgehende Linie der Fabel fühlbar machen.

Passagen

Hier soll einiges über die Passagen gesagt werden. Das sind jene überleitenden Bilder, in denen nichts weiter gezeigt wird, als daß eine Figur des Films von einem Ort der Handlung zu einem anderen geht. Manche Regisseure, besonders die vom Theater kamen, haben früher ein starkes Vorurteil gegen diese »Passagen« gehabt und betrachteten sie als leere Stellen des Films, als Verlegenheitsübergänge der Unbeholfenheit.

Doch in den Passagen liegt das lyrische Element des Films. Das einsame Kommen und Gehen des Helden vor und nach der großen Szene, das sind seine Monologe, die im Film nicht einmal »unnatürlich« sind. Der Gang des Helden zu der Entscheidungsszene kann durch sein Ritardando eine vorbereitende Spannung, ein Stimmungssprungbrett ergeben, und in der Passage des Helden nach dem Auftritt kann die Wirkung, das seelische Ergebnis dargestellt sein. Viel mehr als in der Szene selbst, wo die Bilder des äußeren Geschehens die des inneren Geschehens oft verdecken.

In diesen mimischen Monologen des Gehens kann sich auch die Kunst eines Filmschauspielers oft reicher entfalten als in den aufgeregtesten dramatischen Szenen. Denn solche sind voll mit Gebärden, die nicht nur *einen inneren Grund*, sondern auch einen *äußeren Zweck* haben. Solche Zweckgebärden, die nicht reine Ausdrucksbewegungen sind, werden teils von der äußeren Handlung bestimmt und geben viel weniger Gelegenheit zu einer Gefühlsäußerung wie eine Passage. Wenn zwei Männer ruhig nebeneinander hergehen, wird ihr Gang die Verschiedenheit ihres Charakters verraten. Wenn die beiden aber raufen, dann werden auch die wildesten Bewegungen nicht mehr die Charakter- und Stimmungsnuance der beiden ausdrücken.

Ich kann mir sehr gut einen impressionistischen, ich möchte sagen Maeterlinckschen Filmstil vorstellen, in dem die Hauptszenen überhaupt nicht dargestellt werden, sondern nur die Vorahnungen und lyrischen Nachwirkungen der Ereignisse – in Passagen.

Alfred Abel im *Phantom* geht sehr viel allein durch die Straßen. Aber an keiner anderen Stelle des Films sieht man so deutlich: das ist ein verlorener Mensch, ein Geblendeter, der den Weg verloren hat, ein Traumtrunkener, der in den Abgrund stürzen wird. In den Szenen mit anderen kann man noch meinen, die Gefahr komme von den anderen her und könnte ihn vielleicht verschonen. Wenn er aber allein ist, zeigt es sein Gang, daß die Gefahr in ihm selbst ist. Er ist von innen verwundet und strauchelt wie ein

Angeschossener. (Überhaupt drückt sich im Gang des Helden die Gebärde seines Fatums aus.)

Und der Gang Conrad Veidts! Wahrlich, es ist schwer, einen Film zu schreiben, dessen dramatische Hauptszenen seinen Passagen an Intensität gleichkämen. Sein Gang als schlafwandelndes Medium im *Caligari*-Film war wie der langsame, ganz langsame Flug eines sicher gezielten Pfeiles, der unabwendbaren Tod bedeutet. Überhaupt kann Conrad Veidts Gang eine Richtung haben, die wie ein Spieß den Raum vor ihm durchsticht und die Richtung des Schicksals fühlen läßt.

Lillian Gish geht in einem Film als armes Mädchen vergeblich Arbeit suchen und wir sehen sie auf der Straße gehen, müde und hoffnungslos. Jeder Schritt dieses Ganges ist, wie wenn jemand die Augen schließt, den Kopf senkt und sich vor die Räder eines Wagens legt.

Freilich dürfen solche Passagen dann nicht als Nebensachen behandelt werden. Es gibt Regisseure, die die entscheidenden Hauptszenen mit großer Sorgfalt ausarbeiten und von besten Darstellern spielen lassen. Wenn aber der Held aus dem Zimmer geht, dann wird der Diener, der ihm in den Mantel hilft, der Chauffeur, der ihm die Wagentüre öffnet, nicht mehr beachtet. Diese Zwischenbilder werden als toter Verbindungsstoff, als bloßer Kitt behandelt und überhaupt nicht »gespielt«. Aber aus diesen leblosen Lücken zieht es kalt hinein in den Film, und das Publikum merkt vielleicht nicht, woher, aber unbewußterweise wird es verschnupft. Doch das Nichtlockerlassen der Regieintensität, die auch die kleinsten Nebenszenen ausarbeitet, gibt dem Film *eine Kontinuität der Illusion*, die eine gar nicht lokalisierbare Lebenswärme der Atmosphäre schafft.

Simultaneismus und Refrain

In der Bilderführung liegen die verschiedensten Stilmöglichkeiten für den Film. Ich möchte nur zwei erwähnen, von denen ich glaube, daß sie in den modernen Bestrebungen eine besondere Rolle spielen werden. Den einen Stil, den man schon hie und da auftauchen sieht, möchte ich »Simultaneismus« nennen, nach dem Namen jener modernsten lyrischen Schule, deren bedeutendster Vertreter Walt Whitman ist. Denn es liegt ihr dieselbe Absicht zugrunde, nämlich die, sich in der Darstellung nicht nur auf ein einziges Bild der großen Welt zu konzentrieren, sondern eine Menge *gleichzeitiger* Ereignisse zu zeigen, auch wenn diese miteinander und mit der Hauptsache in gar keinem kausalen Zusammenhang stehen. So wollen sie mit einem Querschnitt des *ganzen* Lebens einen kosmischen Eindruck hervorrufen, eine Totale der Welt, denn nur diese kann ihr wirkliches Bild zeigen.

Abel Gance machte solche Versuche, nicht nur eine Handlung, sondern gleichzeitig die Umwelt darzustellen. Während wir etwa die Schicksale seines Helden in Paris verfolgen, blitzen dazwischen ununterbrochen Bilder vom Dorf, von der Feldarbeit, von einem Mädchen am Fenster. All das spielt zwar jetzt keine Rolle, aber trotzdem ist es gleichzeitige Wirklichkeit. Dort lebt man inzwischen auch weiter, und das soll nicht aus dem Bewußtsein schwinden.

Ich glaube, daß die theoretischen Hoffnungen auf diesen Stil sich praktisch nicht erfüllen können. Sie geben dem Film *eine falsche Dimension*; eine Dimension der Breite statt jener der Tiefe, in der (nicht die unbeachteten Bilder weiter Fernen) die unbeachteten Bilder der allernächsten Nähe, die unsichtbaren Teile unserer selbstgelebten Sekunden aufgezeigt werden sollen. Außerdem vernichtet so eine simultane Darstellung der Umwelt jede Zeitperspektive, indem sie die Handlung mit einer Reihe von Motiven in eine Raumperspektive hineinstellt, die kein Zeichen des Vorher und Nachher an sich tragen.

Eine andere Stilmöglichkeit ist die des Bildrefrains. Ganz bewußt-absichtlich ausgeführt habe ich ihn nur einmal im Film *Galgenhochzeit* gesehen, wo nicht nur die Bilder gewisser Räume und Landschaften in gleichmäßigem Rhythmus wie zum Ende einer Strophe wiedergekehrt sind, sondern sogar Bilder gewisser Szenen. Und hier fühle ich die Möglichkeit einer *gebundenen Bildersprache*, die sich zur normalen Bilderführung so verhalten würde wie Vers zu Prosa.

Die Richtung der Bilder

Die Technik der Zwischenbilder macht es notwendig, daß im Film zwei, drei oder noch mehr parallel laufende Handlungen geführt werden, deren Linien sich ineinander verflechten. In so einem gut kontrapunktierten Film muß es dann gar kein Zwischenbild geben, das *nur* als solches eingeschaltet wurde. Denn jedes Bild, wenn auch Hauptszene in der eigenen Fabellinie, wird zum Zwischenbild für die andere. Darum rücken die Bilder eines Films oft in sehr breiter Phalanx vor, und der Regisseur muß es verstehen, jene Bilder besonders zu betonen, die für die weitere Entwicklung entscheidend sein werden. Jedes Bild muß unserer Ahnung eine Richtung geben, unsere Neugierde orientieren. Wir müssen von vornherein wissen, *wo* wir etwas zu erwarten haben, damit eine Spannung entsteht.

Mit dieser Richtung der Bilder, die sich oft aus einer einzigen Gebärde, aus einem stummen Blick ergeben kann, wird in einem guten Film der Konflikt des letzten Aktes schon im ersten angedeutet, und die erste Szene stellt schon die Fragen, die erst in der letzten beantwortet werden. Auf die Richtung dieser von vornherein eingestellten Neugierde werden die Bilder dann aufgefädelt. Fehlt diese, dann fallen sie auseinander wie eine aufgelöste Perlenschnur. Denn die Richtung der Bilder ist das einzige, was über sie hinausweist und was zur Komposition und zum Aufbau eines Ganzen verwendet werden kann.

Darum wirken auch Überraschungen im Film – wenn sie keine komische Wirkung erzielen wollen – viel weniger als das Allmähliche. Spannung bedeutet ja soviel wie Vorahnung und Erwartung, die durch die Richtung der Bilder hervorgerufen werden. Das allmähliche Herannahen des Schicksals, der Bild für Bild *sichtbar* heranrückende Konflikt, läßt eben die schwüle, bange Stimmung entstehen, die viel schrecklicher sein kann als die größte plötzliche Katastrophe. (Weshalb auch der Vampir grauenvoller als der Totschläger ist.) So wird auch die Überraschung einer neuen, ungeahnten Gefahr nie so unheimlich wirken wie eine, die immer wiederkehrt, die man darum immer erwartet, die dadurch eigentlich immer zugegen ist und die so zum verfolgenden, unentrinnbaren, geheimnisvollen Fatum wird.

Diese Regel gilt auch für das Theater. Beim Film aber kommt noch dazu, daß die stummen Bilder sich nicht selbst erklären können; um also überhaupt perzipiert zu werden, müssen sie entweder lange und ausführlich dargestellt werden, was dem Tempo einer Katastrophenszene meist widerspricht, oder aber wir müssen *die Szene erwarten, auf ihren Anblick vorbereitet sein*, dann werden wir sie richtig sehen und begreifen, auch wenn sie bloß kurz aufblitzt. Im Film will jedes Allegro mit einem Ritardando erkauft sein.

Bei Griffith-Filmen ist eine besonders raffinierte Technik der Bilderführung zu beobachten, wenn ihre Handlung der Katastrophe naht. Das Tempo der Handlung und das Tempo der Bilder gehen da auseinander. Das Tempo der Handlung scheint überhaupt stillzustehen. Das der Bilder hingegen wird immer aufgeregter und hastiger. Die Bilder werden immer schneller und kürzer und steigern mit diesem Rhythmus die Stimmung zur äußersten Erregung. Aber die Handlung geht nicht vorwärts, und dieser atemlose Zustand des letzten Augenblicks wird oft auf einen ganzen Akt ausgedehnt. Das Beil ist schon erhoben, die Zündschnur brennt schon, aber ein Sturm von Bildern jagt noch vorbei, die – wie der Sekundenzeiger der Uhr – eine schnellere Bewegung ohne einen rascheren Zeitablauf darstellen. Mit dem Accelerando der Sekundenbilder wird zugleich ein Ritardando der Stunden erzielt. Der Regisseur Griffith breitet die letzte Sekunde der Katastrophe wie das Bild einer großen Feldschlacht aus.

Das Tempo

Überhaupt gehört das Tempo zu den interessantesten und wichtigsten Geheimnissen des Films. Das Buch, das man über dieses Thema allein schreiben müßte, würde auch der Psychologie sehr interessantes Material liefern. Was greife man heraus aus der Schar der Probleme?

Ein langer Blick hat eine andere Bedeutung als ein kurzer. Die Länge oder Kürze der Szenen ist nicht nur eine rhythmische Angelegenheit, sondern *bestimmt ihren Sinn.* (Ein vergebliches Memento für die Verleiher und Kinobesitzer und für alle jene, die das Werk des Regisseurs ohne sein Zutun zu schneiden pflegen.) Jede Sekunde zählt. Nur ein Meter wird weggeschnitten, und die Szene – wenn sie gut war – wird nicht kürzer, sondern verändert ihre Bedeutung. Sie hat einen anderen Stimmungsgehalt bekommen.

Dabei wird sie oft nur der Meterzahl nach kürzer – der Stimmung nach aber länger; denn das innere Tempo der Bilder ist vollkommen unabhängig von der Zeit, die ihr Abrollen erfordert. Es gibt Szenen, in denen durch die ausführliche Darstellung, die Entwicklung der kleinen Momente die Beweglichkeit der Sekunden als dramatisches Tempo wirkt. Wenn aber diese bewegten

Details weggeschnitten werden, bleibt ein allgemeines Bild als lebloser Rahmen, das zwar weniger Zeit in Anspruch nimmt, aber auch dieses Weniger nicht mit Spannung ausfüllen kann.

Ein nicht ganz genaues Gleichnis zur Illustration dieser Tatsache wäre dies: Wenn ich das Bild eines Ameisenhaufens aus der Nähe sehe, mit ausführlichen Bildern seines aufgeregt-bewegten Lebens, dann werden die Bilder Tempo haben. Wenn ich sie aber so kürze, daß die Großaufnahmen des wimmelnden Treibens weggeschnitten werden, und nur das totale Bild des Haufens wie eine geometrische Figur mich anstarrt, dann wird solche äußere Kürzung dem Film nur innere Längen geben.

Auf dem Film hat jede Handlung eine Ähnlichkeit mit so einem Ameisenhaufen. Je näher, je detaillierter wir sie sehen, um so mehr Leben, um so mehr Tempo bekommt sie. Hingegen wird die zu kurze Andeutung der Begebenheiten auf dem Film ihnen überhaupt jede Lebendigkeit rauben. Wir nehmen das Ereignis in so einem vorbeiflitzenden Bild *bloß zur Kenntnis*, aber wir sehen es eigentlich nicht. Es belebt sich nicht vor unserem Blick und hat nur eine Bedeutung wie eine Art Literatur in Bilderschrift. Aber auch ein Begriff, ein Wort allein kann kein Tempo haben, und die kurze Inhaltsangabe eines Romans wird immer langweiliger sein als der lange Roman selbst.

Es gibt Filme, die eine interessante Situation nach der anderen bringen und doch nicht spannend sind, weil uns, kaum bei einer solchen Situation angekommen, das falsche Tempo des Films gleich wieder weiterschleift. Ein langes Duell ergibt eine aufregendere Szene als ein blitzschneller Dolchstoß. Es scheint überhaupt, daß *in einer Filmszene nur die Bewegtheit ihrer Atome Tempo hervorbringen kann*, und zwar weil das gesprochene Wort uns immer das Ganze der Handlung vergegenwärtigen kann. Aber *sehen* können wir nur das Momentane.

In *Galgenhochzeit* befreit Asta Nielsen als Tochter des Gouverneurs ihren Geliebten aus dem unterirdischen Gefängnis und führt ihn durch endlose Korridore. Wäre dieser Gang durch den Korridor zehn Meter lang, dann wäre er eine nichtssagende Passage und eigentlich überflüssig. Aber dieses Gehen will kein Ende nehmen. Neue und wieder neue Korridore öffnen sich. Und indem man die kurze Zeit der Rettungsfrist verrinnen fühlt wie Blut aus offener Wunde, öffnet sich jeder neue Korridor als geheimnisvoll-unheimliche Perspektive des dunklen Schicksals.

Schon verloren, aber noch frei, fliehen sie in verzweifelter Hoffnung vor dem Tode, der hinter ihnen auf dem Sattel sitzt. Je länger das dauert, desto mehr steigert sich die Spannung bis zum Nervenzerreißen.

Das Wort »*Zeitraum*« bekommt für den Film überhaupt eine besondere Bedeutung. Denn wahrlich, das muß der Regisseur beim Schneiden beurteilen können, ob die Bilder Raum genug in der Zeit haben oder ob sie nicht zu locker darin sitzen. Ein Meter zu wenig, und die Szene wird seelenlos, ein Meter zu viel, und sie wird ermüdend. Das hat auch seine optischen und psychologischen Gesetze, die man erforschen müßte. Zum Beispiel würde man annehmen, daß eine große Massenszene mehr Expositionszeit erfordert als der Anblick eines Gesichtes. Es ist aber umgekehrt. Wenn das Bild einer Armee in der Perspektive vorbeiflitzt, läßt uns das nicht so unbefriedigt, wie wenn die Großaufnahme eines Gesichtes zu schnell abgeblendet wird. Weil auf einem Gesicht für uns eben mehr zu sehen und zu perzipieren ist.

Wir müssen eine Bewegung (ihren Charakter, ihre Richtung und Absicht) *sehen können*, damit sie uns zum Tempo werde. Dies benötigt Raum und Zeit. Der Charakter einer seelischen Ausdrucksbewegung ist aber nicht so schnell zu erfassen wie der einer rein materiellen. Doch ist es nur die Bewegung der Seele, die das Tempo ausmacht.

Titel

Die Aufschriften in einem Film, »Titel« genannt, sind auch nicht nur literarische Angelegenheit, sondern Probleme des Schneidens und Elemente des Tempos. Was die literarische Seite der Sache betrifft, ist die Forderung einer richtigen Logik und Grammatik gerechtfertigt. Aber wehe, wenn uns die Poesie, die den Bildern fehlt, in den Aufschriften geboten werden soll.

Leider gibt es so ein Streben nach dem »künstlerischen Film«, welches das Niveau dadurch heben will, daß es den Stil der Aufschriften verfeinert und vergeistigt. Die »literarischen Titel« sind aber eine scheußliche Gefahr, nicht nur darum, weil sie den Film zum Kehrichthaufen für literarische Abfälle machen und die Leinwand des Kinos für abgeschmackten und verschmockten Kitsch mißbrauchen, für den kein Verleger sein Papier hergibt. Mindestens so schädlich für den Film wäre die gute Literatur, weil sie die Handlung in eine ganz andere Sphäre, in eine andere Dimension versetzt und wir die visuellen Zusammenhänge der Bilder verlieren, wenn wir auf ihre begrifflichen Zusammenhänge eingestellt werden.

Doktrinäre Ästheten fordern im Namen der reinen Visualität, daß die Aufschriften vom Film überhaupt verschwinden mögen. Diese Forderung kann man gut begründen. Dieselben Ästheten verpönen auch die Oper als eine unreine Mischung von Musik und Wort und »reine Musik« ist ein gefälliges Schlagwort. Trotzdem, scheint mir, wäre es schade, wenn wir »Figaro« und »Don Juan« nicht hätten, und »Tristan und Isolde« oder die »Meistersinger von Nürnberg« sind auch nicht bloß beklagenswerte Verirrungen der Kunst. Der Film ohne Aufschrift wird eine sehr interessante und wertvolle Gattung der Filmkunst werden, aber ihr ein Monopol einräumen, hieße, dem größten Teil der Ausdrucks- und Wirkungsmöglichkeiten für den Film entsagen.

Die Wirkung eines Titels hängt nicht nur von seinem Text ab, sondern auch davon, an welche Stelle er hineingeschnitten ist. Bei Dialogtiteln zum Beispiel dürfen wir aus der Aufschrift nichts erfahren, was das Bild uns nicht schon gesagt hat. Denn im Moment wird die Handlung im literarischen Medium weitergeführt und es entsteht ein Riß in der visuellen Kontinuität, obwohl diese etwa mit dem Titel: »Zwanzig Jahre später« gar nicht gestört wird. Denn die visuelle Kontinuität und die Fabelkontinuität sind ganz verschiedene Dinge, die miteinander nichts zu tun haben.

Trotzdem sind Titel, die an Stelle nicht gezeigter Ereignisse stehen, immer Überbrückungen, also eigentlich Notbehelfe, wenn sie auch nicht unbedingt stören. Lyrische Titel hingegen, Dialogtitel, können oft viel mehr bedeuten. An guter Stelle wirken sie als Pointe und geben einer zugespitzten Stimmung mit einem Wort letzte Intensität. Es gibt Stellen, an denen man die Empfindung hat, das Bild ertöne. Den Doktrinären der Stilreinheit kann ich wieder nur die Musik vorhalten und sagen: Die literarischen Titel zu den kleinen Stücken Schumanns und zu ähnlichen kleinen Stücken Debussys tragen ihr Teil zur poetischen Gesamtwirkung des Ganzen bei.

Solche Titel ermöglichen oft eine ganz besondere Feinheit des Mienenspiels, indem sie uns die seelischen Vorbedingungen wie mit einem »Vorwort« kurz mitteilen.

Das Einschneiden der Titel gehört zu den heikelsten und vernachlässigtesten Aufgaben des Filmregisseurs. Wie oft kommt es vor, daß eine gute Szene mit einem guten Titel zerstört wird, weil er mitten in die gespannteste Stimmung vor einem Ruhepunkt des Gebärdenspiels hineingeschnitten wird und man nachher ein »Herstellt« des Bildes, einen neuen Anlauf des mimischen Spiels erlebt. Auch hat es seine eigene Technik im Film, das Wort auf den Sprecher zu lokalisieren, da doch keine Stimme uns anzeigt, woher es kommt.

Es gibt eine feine – besonders von Abel Gance angewandte – Titeltechnik, mit der gewisse Bilder von besonderer Bedeutung sozusagen umrahmt werden. Mienenspielszenen werden durch Titelaufschriften wie besondere Strophen eines Gedichtes oder Kapitel eines Romans hervorgehoben *und benannt.* Man kann sich ihrer besonders erinnern und sie hervorheben wie ein prägnantes Zitat aus einem Gedicht.

Fragmentarischer Nachtrag

»Lichtspiel« wird der Film genannt, und letzten Endes ist er ja auch nur ein Spiel des Lichts. Licht und Schatten sind das Material dieser Kunst wie die Farbe das der Malerei, wie der Ton das der Musik. Mienenspiel und Gebärdenspiel, Seele, Leidenschaft, Phantasie ... zuletzt ist alles doch nur Photographie. Und was die Photographie nicht ausdrücken kann, das wird der Film nicht enthalten.

Von der Photographie

Der Operateur hat ein bewußter Maler zu sein. Erstens, weil der Film als optische Kunst vor allem auch eine Augenweide zu sein hat. Zweitens, weil jede Beleuchtung, jedes Kolorit der Bilder symbolisch wirkt und eine bestimmte Stimmung ausdrückt, ob der Operateur es will oder nicht. Also muß er es wollen. Wenn er jeder »stimmungsvollen« Effektbeleuchtung ausweicht und nur klare, deutliche Bilder geben will, dann gibt er damit die Stimmung einer kalttrockenen Nüchternheit, die den Gefühlsinhalt des Films geradeso beeinflussen wird wie irgendeine Effektaufnahme. Keine Kunst kennt neutrale Mittel. Auch der Film nicht.

Aber auch die Plastizität der Bilder kann sich zu einer Intensität steigern, die weit über die bloße Deutlichkeit hinaus geht. Amerikanische Filme haben oft diese Plastizität, die kraftstrotzend wirkt wie schwellende Muskeln und die Rundung gesunder Pausbacken. Sie haben eine so belebende Helle, daß einen beim Zusehen ein wonniges körperliches Gefühl überkommt, wie wenn man im strahlenden Sonnenlicht steht.

Überhaupt ist es bezeichnend, daß der nationale Charakter der Filme am deutlichsten im Stil der Photographie zutage tritt. Denn in der Technik liegt die Wurzel jedes Stils.

Der amerikanische Stil ist eben diese lichtfrohe, naturalistische Plastik. Der französische Stil besteht in einer nüchternen Deutlichkeit der dramatischen Gruppierung und Einstellung. Besonders prägnant und bedeutend ist der Stil der Nordisk-Filme. Sie haben in der Photographie (wie auch in der Regie) etwas *Klassizistisches*, eine vornehme Zurückhaltung in ihrem distinguierten und bewußten Ablehnen aller schrillen Effekte. Ihre vollendete Aufnahmetechnik hat dadurch eine gewisse edle Monotonie, die mit der Monotonie der Blankverse in klassischen Dramen zu vergleichen wäre. Diese Monotonie verbürgt den nordischen Filmen eine Einheitlichkeit, die in anderen nicht zu finden ist.

Deutscher Aufnahmestil sucht heute schon malerische Effekte. Aber meist darin, daß er *das Thema*, das Motiv drapiert und herrichtet. Der Wiener Operateur ist es, der am bewußtesten und entschlossensten mit seinen Lampen und seinem Apparat malt. Das Romantisch-Pittoreske ist der Stil der besten Wiener Filme. Ein Tumult von Schatten und Lichtern in der Tiefenperspektive (meist premierplan dunkel und sekundärplan hell), der von dem unharten, samtenen Pathos des Wiener Spätbarocks herzukommen scheint.

Solche Filme machen manchmal den Eindruck einer bewegten Bildergalerie. Das ist eine Gefahr. Denn gerade durch ihre schöne, selbstgenügsame Komponiertheit bekommen sie etwas Nachinnengekehrtes, Stabiles. Je frappanter so eine Effektaufnahme ist, um so mehr umrahmt sie sich zu einem selbständigen Bild und reißt sich aus dem fließenden Kontinuum des Ganzen los.

Auch das rein Technische der Trickaufnahmen macht oft einen wesentlichen Teil des ästhetischen Genusses aus. Das ist keine Spezialität der Filmkunst. In der Baukunst zum Beispiel hat die gelöste Schwierigkeit auch ein gewisses Pathos oder zumindest die Wirkung des »Esprits«. Ein guter Filmtrick erzielt meist letztere Wirkung und oft erregt und begeistert er wie etwa die technischen Produktionen musikalischen Virtuosentums. Er weckt die Freude an der Gewalt des Könnens.

Dem Farbenfilm zum Gruß

Heureka! dürfen wir wohl rufen, denn auch wir haben endlich das Meer erblickt. Das Meer in seinem ewig wechselnden blaugrünen Originalfarbenspiel mit dem weißen Schaum, der über die rotbraunen Riffe spritzt.

Unser Marsch nach dem farbigen Meer auf dem Film hat länger gedauert als jene Anabasis der Griechen Xenophons; denn seit es überhaupt eine Photographie gibt, war uns die Farbenphotographie als Ziel gesteckt. Doch die »Errungenschaften« der Technik unterwegs haben dem Film mehr geschadet als genützt. Da nur einzelne Bilder – und die auch nur teilweise – koloriert waren, wirkte das immer als spielerisches Experiment. Der einheitliche Stil des Films ging verloren, dafür bekamen wir nicht die Fortschritte der alten, sondern die unbeholfenen Anfänge einer neuen Technik zu sehen.

Heute ist aber der Farbenfilm schon so gut wie da. Meine Erregung beim Anblick des ersten Farbenfilms hatte viel Ähnlichkeit mit jener, mit der ich den ersten Aeroplan in die Luft steigen sah. Man war Zeitgenosse und Zeuge eines Fortschrittes der menschlichen Zivilisation. Die technische Sensation war auch bei diesem farbigen Film so groß, daß sie das künstlerische Interesse vollkommen verdrängte und sogar manche noch anhaftende technische Mängel vergessen ließ.

Und wenn ich nachher Bedenken hatte, kamen sie nicht von diesen Mängeln. Im Gegenteil: Der Gedanke an den vollkommenen Farbenfilm machte mir Sorgen. Denn die Naturtreue ist nicht immer von Vorteil für die Kunst. Es wird niemand behaupten, daß die Figuren eines Wachsfigurenkabinetts (die so naturgetreu sind, daß man »pardon!« sagt, wenn man sie berührt) künstlerischer sind als weiße Marmorstatuen oder rotbraune Bronzefiguren. In der Reduktion besteht ja eigentlich die Kunst. Und vielleicht war gerade im homogenen Grau in Grau des gewöhnlichen Films die Möglichkeit eines künstlerischen Stils gegeben?

Freilich weiß ich sehr gut, daß solche und ähnliche Bedenken die durch die Entwicklung der Technik gebotene Entwicklung des Films nicht aufhalten können. Das sollen sie auch gar nicht. Wir können trotz unserer ästhetischen Besorgnisse darauf vertrauen, da es ja auch eine Malerei gibt, die mit ihren Farben die Schwarzweißkunst des Zeichnens und Radierens nicht verdrängt hat und die die Farben nicht daran gehindert haben, eine große Kunst zu werden. Der Gebrauch der Farben verpflichtet eben noch nicht zur unbedingten, sklavischen Nachahmung der Natur. Ist einmal die Kinematographie bis zur farbigen Naturtreue gelangt, dann wird sie der Natur auch auf einer höheren Stufe wieder untreu werden. Darum ist mir nicht bange.

Musik im Kino

Warum wird während der Filmvorführungen immer Musik gespielt? Warum wirkt ein Film ohne Musikbegleitung peinlich? Vielleicht ist die Musik dazu da, um den luftleeren Raum zwischen den Gestalten, den sonst der Dialog überbrückt, zu füllen. Auch wirkt jede Bewegung, die vollkommen lautlos ist, unheimlich. Noch unheimlicher wäre es aber, wenn einige hundert Menschen in einem Saal beisammen säßen, stundenlang schweigend, in absoluter Stille.

Denn auffallend ist ja, daß wir nur das Fehlen der Musik sofort merken, ihr Dasein beachten wir gar nicht. Jede Musik wird uns zu jeder Szene passen. Nur wenn sie wirklich dazu gestimmt ist, dann horchen wir auf und es berührt uns meist komisch oder peinlich. Wenn zu einer Begräbnisszene auf dem Film die Kapelle einen Trauermarsch spielt, empfinde ich das als brutal und irgendwie schamlos. Denn die Musik weckt andere Visionen, welche die des Films nur dann stören, wenn sie zu nah zu einander kommen.

Darum – so lobenswert es auch ist, wenn gute Musik im Kino gespielt wird – scheinen Bach, Beethoven und Mozart doch nicht immer die geeignetste Begleitung zu einem Raubmord oder zu einer Gerichtsverhandlung zu sein. Womit gewiß nichts gegen die Vornehmheit der Filmkunst gesagt sein soll. Aber Musik dieser Art, besonders wenn sie bekannt ist und die Aufmerksamkeit auf sich lenkt, versetzt uns in eine ganz andere Atmosphäre, die nichts mehr mit dem Film zu tun haben kann.

Jedenfalls ist die Musik im Kino noch ein ungelöstes Problem –

für den, dem sie überhaupt ein Problem ist. Heute pflegen schon Regisseure eigene Begleitmusik zu ihren Filmen komponieren zu lassen, eine Art Programmusik zur Geschichte mit Leitmotiven der Helden. Damit kann man manche gute Wirkung erzielen. Aber im allgemeinen bekommen dadurch die Gestalten eine von außen angehängte Stimmungsschleppe, in der sie sich schwer und unbeholfen bewegen. Vor allem ist dies darum undurchführbar, weil die Bewegungsstimmung und die musikalische Stimmung ein ganz verschiedenes Zeitmaß und Tempo erfordern. Ein kurzer Blick wird nicht immer in einem entsprechend kurzen Takt zu komponieren sein. Wahrlich, in mancher langen Sonate wurde schon der Inhalt eines kurzen Blickes vertont.

Viel mehr erwarte ich darum von dem umgekehrten Verfahren, das meines Wissens überhaupt noch nicht versucht worden ist. Ich denke an die *Verfilmung von Musikstücken*. Man könnte den Strom auch ganz irrationeller Visionen, die man beim Anhören eines Musikstückes hat, auf einem Film vorbeiziehen lassen. Vielleicht wird das noch eine eigene, neue Kunstgattung werden?

Von der Filmgroteske

Die besten Witze, die, *gesagt*, eine explosive Wirkung haben, werden auf dem Film langweilig und öde. Wenn sie auf dem Film überhaupt *zu zeigen* sind. Der typische europäische Witz (nicht wenig vom jüdischen Witz beeinflußt) hat nämlich eine logische Struktur. Er ist ein Spiel mit Begriffen, deren geheime und überraschende Beziehungen zueinander erraten werden wollen. Die besten Witze sind immer jene, die von primitiven Menschen schwer oder überhaupt nicht verstanden werden. Ihr größter Reiz liegt gerade in dieser hinterlistigen Verborgenheit der Pointe. Aber logische Begriffsspiele können nicht sichtbar gemacht werden, verborgene Anspielungen sind nicht zu photographieren. Auch bleibt das Bild auf dem Film nicht stehen, bis man seinen geheimen Sinn errät.

Darin liegt die Überlegenheit des naiven amerikanischen Humors im Film, daß er die sichtbare Komik der Dinge ergreift. Da braucht man nicht erst einen Sinn zu erraten, denn es ist überhaupt keiner da. Es sind nicht Witze, die erst ausgedacht und dann im Film dargestellt werden. Es ist viel mehr eine Komik der reinen Visualität, die in der Art der Darstellung selber liegt.

Diese Komik besteht einfach und ausschließlich im Widersinn. Dieser kann aber gesteigert werden. Bei den meisten amerikanischen grotesken Komikern (wie etwa bei Fatty oder Harold Lloyd) ist der technisch-mechanische Ablauf ihres Handelns überraschend widersinnig. Bei Chaplin aber ist es *auch die Psychologie*. Nicht nur, was er tut, ist komisch, sondern vor allem, *warum* er es tut. Die Frage: »Was er sich wohl dabei denken mag?« macht seine Gestalt immer lebendiger.

Wenn etwa Harold Lloyd verfolgt wird und sich gegen die tausend Gefahren der Welt wehrt (das ist das Urmotiv all dieser amerikanischen Possen), dann sind wohl die Methoden seiner Abwehr grotesk und komisch. Sie sind aber nur im technisch-mechanischen Sinne widersinnig. Es ist nie eine psychologische, eine *widerpsychologische* Begründung dabei. Darum werden sie zu einer gleichmäßigen Tapete des Wirrwarrs, die mit der Zeit ermüdet. Ein Komiker von dieser Art wird im Laufe so einer Verfolgung immer mehr zu einer leblosen Sache, die herumgeschupft und -geworfen wird. Überraschungen gibt es dabei zwar unzählige. Aber ihr Charakter bleibt derselbe und überrascht nicht mehr.

Bei Chaplin aber wird die seelische Unwahrscheinlichkeit seiner Handlungen immer geheimnisvoller und bekommt mit der Zeit die rührend-komische Melancholie eines Unverstandenseins.

Weltanschauung

Jede Anschauung der Welt enthält eine Weltanschauung. Der Film ist als Produkt einer Großindustrie des Kapitalismus entstanden und sieht vorläufig auch danach aus. Viel mehr als die Literatur. Denn die Literatur ist nicht von heute und sie war schon groß, als es überhaupt noch keinen Kapitalismus gab, darum trägt sie Weltanschauungsbruchstücke, ideologische Traditionen, wenn nicht anders, so in ihren altherkömmlichen Formen mit, die dadurch, daß sie eine diesseitige Distanz zum kapitalistischen Geiste haben, manchmal die Möglichkeit einer jenseitigen Perspektive zu eröffnen scheinen. Der Film ist aber vielleicht die einzige Kunst, die als Kind der kapitalistischen Industrie geboren wurde, und trägt deren Geist. Es muß aber nicht dabei bleiben.

Der Film hat mit dem Detektiv angefangen. Denn der Detektiv bedeutet die Romantik des Kapitalismus. Das Geld ist die große Idee, um die der Kampf geht. Das Geld ist der vergrabene Märchenschatz, der heilige Gral und die blaue Blume der großen Sehnsucht. Des Geldes wegen setzt der kühne Verbrecher sein Leben aufs Spiel, der fast nie ein armer Proletarier ist, den äußerste Not zum Diebstahl zwingt. Er ist meist der elegante Einbrecher in Frack und Lack, der nicht eines Bissen Brotes wegen in der Nacht seine Maske umbindet, sondern um des romantischen Schatzes willen, für die mystische Blume des Lebens: für den Reichtum.

Der Held dieser Filme aber war der unerschrockene Beschützer des Privateigentums, der Detektiv. Er ist der heilige Ritter Georg des Kapitalismus. Wie in alten Heldengesängen der gepanzerte Ritter sich in den Sattel schwang, um für die Königstochter eine Lanze zu brechen, so steckt der Detektiv seinen Browning in die Tasche und wirft sich ins Auto, um mit seinem Leben die heiligen Wertheimkassen zu schützen.

Was ist dabei romantisch? Was ist dabei das Phantastisch-Abenteuerliche, Wunderbare, das die Grenzen des Natürlichen zu überschreiten scheint? Nun, alles, was die Grenzen des Strafgesetzes überschreitet. Für den Bürger bedeuten Weltordnung und Rechtsordnung ein und dasselbe. Und Symbol und Repräsentant der Weltordnung ist der Polizist. Wird irgendwo diese Ordnung gestört, dann greift der Bürger nicht nur erschrocken nach seiner Tasche, sondern mit heiligem Schauer auch an sein Herz. Denn der Polizeikordon bedeutet für ihn die Grenze des Lebens, darüber hinaus beginnt das Geheimnis, das wunderbare Abenteuer, die Romantik.

In den letzten Jahren ist der Film von dieser Detektiv-Romantik abgekommen. Denn man hat viel größeres Rauben erlebt, als so ein armseliger Einbrecher zustande bringen kann. Ein Bankdirektor ist in der Phantasie der Menschen eine viel glorreichere Figur geworden. Es ist auch klar, daß so einem Börsenkönig gegenüber ein Kasseneinbrecher ein ganz unbedeutender Hendelfänger ist. Dem Film als Kunstwerk hat diese Neuorientierung in die Richtung der großen Finanzabenteuer nur geschadet; denn der Kampf jenes Kasseneinbrechers mit dem Detektiv war *sichtbar* und ergab eine unerschöpfliche Fülle von phantastischen Situationsmöglichkeiten, in die sogar, nach Bedarf, psychologische Feinheiten und Poesie hineingeschmuggelt werden konnten.

Hingegen liegt es im Wesen des Großkapitalismus, daß er *abstrakt* ist, daß die führenden Gewalten in ihm und der Kampf, in dem sie aufeinanderprallen, *unsichtbar* sind. Es können die verwegensten und phantastischsten Abenteuer sein, in die sich ein großer Finanzmann stürzt, seine Tat dabei ist nur ein Gedanke, ein Entschluß, eine Besprechung mit dem Gewährsmann und höchstens noch eine Rede im Aufsichtsrat. Auch die entscheidende Szene, in der er seinen Namen unter einen Brief oder Vertrag setzt, ist eigentlich nicht pittoresk, nicht dramatisch genug, um die Entscheidungsszene eines Films darzustellen.

Im Leben ist diese Unsichtbarkeit gerade das Unheimlichste. Auf dem Film ist sie aber nicht unheimlich, weil sie überhaupt nicht vorhanden ist. Unsichtbares kann nämlich nicht photographiert werden.

Das hochkapitalistische Milieu wird im Film auch aus dekorativen Gründen besonders bevorzugt. Schöne Kleider und schöne Räume geben schöne Bilder. Die Menschen aber, die in diesem Milieu leben, führen kein filmdramatisches Leben. Ihre Salons mögen für das Auge anregend sein, ihre Gebärden sind für das Auge nichtssagend. Filmproduzenten behaupten, das Publikum, insbesondere das ärmere, interessiere sich besonders für diese Welt des Reichtums. Das ist möglich. Aber nicht alles, was im Leben interessant ist, wird es auch im Film.

Übrigens haben Glanz und Reichtum im kapitalistischen Film über ihren dekorativen Wert hinaus eine tiefere Bedeutung bekommen, geradeso wie die feudale Pracht der historischen Filme. Das liegt im Wesen der reinen Visualität. *Der dekorative Wert wurde im Film zum Symbol menschlicher Werte gemacht*, das Äußere wurde nach innen gedeutet, anstatt, wie es gute Kunst zu tun hat, das Innere zu bedeutsam-sichtbaren Formen zu gestalten.

Geradeso bekam in diesen kapitalistischen Filmen die Idylle eine viel größere Rolle als die, Liebreiz auszustrahlen. Besonders in vielen amerikanischen Filmen sieht dieser große Idyllismus schon nach einer bewußten Propaganda aus. Wie seinerzeit das Volk der Armen und Entrechteten auf ein Glück im Jenseits vertröstet wurde, so soll seine Aufmerksamkeit jetzt vom Unrecht des Lebens abgelenkt und seine Verzweiflung mit einem Hinweis auf das heimliche Glück im Schoße der Familie getröstet werden.

Es war auch die notwendige künstlerische Entwicklung, die

den Detektivfilm verschwinden ließ. Er war nämlich psychologisch primitiv und undifferenziert. Er mußte mit allgemeinen Typen wie mit Schachfiguren arbeiten. Da war der reiche Mann, der Verbrecher und der Detektiv, die sich immer wiederholen mußten. So verschieden auch ihre Abenteuer waren (wie auch die verschiedensten Schachpartien immer mit denselben Figuren gespielt werden), so war ihr Spiel miteinander, die Kombinationen ihres Kampfes miteinander interessant, nicht ihre Person. Der Detektiv suchte nur den Täter, aber nicht die seelischen Motive der Tat. Nur ergreifen wollte er ihn, nicht begreifen.

Und trotzdem war etwas in diesen primitiven, seelisch undifferenzierten Detektivfilmen, das ihnen als starkes Kompositionsprinzip eine innere Festigkeit und eine artistische Klarheit verlieh, die den anderen vornehmeren Künsten fehlte. Nicht in ihrem Inhalt, sondern in *ihrer Form und in ihrem Rhythmus* schien sich eine ganz andere Lebensstimmung zu zeigen. Dies kam von der analytischen Form der Detektivfilme; denn diese haben mit dem Verbrechen, also – wenn sie gut komponiert waren – immer mit dem Ende angefangen, und der Detektiv hat uns, während er das Rätsel allmählich löste, von Spur zu Spur, von Schritt zu Schritt *zurückgeführt* bis zum Anfang der Geschichte. In diesen Filmen war trotz verwickeltster Wege das Endziel immer von vornherein klar gegeben. In dieser Welt war vielleicht alles Problem, aber nichts problematisch, denn man wußte zwar sehr oft nicht, was eine Sache zu bedeuten hat, aber sie hatte ganz gewiß nur eine richtige, bestimmte und klare Bedeutung. Alles war auf dieses Endziel eingestellt. Diese ganze Welt war von einem Punkt aus beleuchtet. Feste Fäden verbanden jeden Moment und jedes Bild dieser Filme mit dem letzten Bild des letzten Moments. In dieser Welt hat man viel geirrt, aber man verirrte sich nie. Es kam häufig vor, daß irgendein Ding von Bedeutung zu sein schien, dessen Unwichtigkeit sich mit der Zeit herausstellte. Aber jenes Hauptmotiv der modernen individualistischen Literatur, daß die Dinge ihre Bedeutung und ihren Wert *wirklich* ändern, kannte die einfache Welt dieser Detektivfilme nicht. Die analytische Form gab ihr das feste Gepräge der Eindeutigkeit. Sie war wie das primitive Gleichnis einer Welt, die einen Glauben hat.

Der Film ist, in jeder Faser erkenntlich, ein Erzeugnis der kapitalistischen Großindustrie. Diese aber hat schon manches erzeugt, was im Sinne der dialektischen Entwicklung zu ihrem

Widerspruch geworden ist. (Zum Beispiel die Arbeiterbewegung.) Im ersten Kapitel dieses Buches wurde ausgeführt, daß die Kinematographie eine Wendung unserer begrifflichen Kultur zu einer visuellen Kultur bedeutet. Ihre Popularität wurzelt in derselben Sehnsucht, die auch die Tanzkunst, die Pantomime und jegliche dekorative Kunst in den letzten Jahren zu einem so allgemeinen Bedürfnis machte. Es ist die schmerzliche Sehnsucht des Menschen einer verintellektualisierten und abstrakt gewordenen Kultur nach dem Erleben konkreter, unmittelbarer Wirklichkeit, die nicht erst durch das Sieb der Begriffe und Worte filtriert wird. Es ist dieselbe Sehnsucht, die auch das Ringen der modernen lyrischen Sprache nach irrationeller, unmittelbarer Begrifflichkeit erklärt.

Nun liegt aber die entmaterialisierte Abstraktheit unserer Kultur im Wesen des Kapitalismus. Allerdings wurde im ersten Kapitel gesagt, daß die Erfindung der Buchdruckerkunst das Schwergewicht der Kultur vom Visuellen auf das Begriffliche verschoben hat. Doch hätte die Buchdruckerkunst nie so durchdringen können, wenn die durch die wirtschaftliche Entwicklung bedingte allgemeine Entwicklung des Geistes nicht schon auf dem Wege zur Abstraktion gewesen wäre. Die Buchdruckerkunst hat nur die »Verdinglichung«, wie Karl Marx den Prozeß jener Abstraktion nennt, beschleunigt. Geradeso wie im Bewußtsein der Menschen der Eigen*wert* der Dinge durch ihren Markt*preis* verdrängt wurde, so hat sich ihr Bewußtsein vom unmittelbaren Sein der Dinge überhaupt allmählich entfremdet. Diese geistige Atmosphäre ließ die Buchkultur späterer Jahrhunderte so groß werden.

Diese geistige Atmosphäre der kapitalistischen Kultur widerspricht dem Wesen des Films, der, obwohl in ihr entstanden, einer Sehnsucht nach konkretem, unbegrifflichem, unmittelbarem Erleben der Dinge entspricht. Aber der Film allein wird, trotz größter Popularität, die Kultur geradesowenig umgestalten können, wie es seinerzeit die Buchdruckerkunst allein vermocht hätte. Die tiefsten Gründe ihrer mannigfachen Unvollkommenheit liegen aber in diesem Widerspruch. Und zu einer ihren immanenten Möglichkeiten entsprechenden ganz großen Kunst wird sie sich nur entwickeln können, wenn die allgemeine Entwicklung der Umwelt die ihr verwandte geistige Atmosphäre schafft.

Wien, im Jänner 1924

Zwei Porträts

Chaplin, der amerikanische Schildbürger

I

Er wackelt auf seinen verträumten Plattfüßen wie ein Schwan auf dem Trockenen. Er ist nicht von dieser Welt und wirkt vielleicht nur in dieser lächerlich. Die Wehmut eines verlorenen Paradieses dämmert hinter der Komik seines Jammers. Er ist wie ein ausgestoßenes Waisenkind unter fremden und unverwandten Dingen und kennt sich nicht aus. Er hat ein rührendes, verwirrtes Lächeln, das um Entschuldigung bittet, daß er lebt. Doch wenn seine unbeholfene Schwäche unser Herz schon ganz für sich gewonnen hat, dann stellt es sich heraus, daß diese Plattfüße einem verteufelt geschickten Akrobaten gehören, sein verlorenes Lächeln zugleich verschmitzt und seine Naivität mit genialer Schlauheit begabt ist. Er ist der Schwache, der nicht unterliegt. Er ist der dritte, der jüngste Sohn des Volksmärchens, den alle verachtet haben und der zuletzt doch König wird. Das ist das Rätsel der tiefen Freude und Genugtuung, die seine Kunst den Völkern aller Länder gibt. Er spielt die siegreiche Revolution der »Erniedrigten und Beleidigten«.

II

Chaplins Kunst ist Volkskunst im besten Sinne alter Volksmärchen. (Schon längst trat der Film an Stelle der alten Volkspoesie.) Seine Scherze haben eine verzwickte Technik, aber keine komplizierte Psychologie. Er spielt die naive Komik der unmittelbaren, primitiven Lebensmomente. Denn seine Feinde sind die Dinge. Er hat es immer mit den gewöhnlichsten Gebrauchsgegenständen der Zivilisation zu tun. Die Türe und die Treppe, der Sessel und der Teller und überhaupt alle Werkzeuge des Alltags werden ihm zu schwierigen Problemen. Er steht ihnen wie ein Schlemihl, der aus dem Urwald kam, gegenüber, und behandelt sie ganz anders wie sonst normale Stadtleute. Chaplin ist unpraktisch – und darüber lachen die Amerikaner. Doch Amerika ist nicht bloß ein Erdteil, sondern ein Lebensprinzip, das auch uns Europäer beherrscht. Auch für uns gibt es nichts Groteskeres als den Fremdling, der unsere Sachen und Werkzeuge unrichtig behandelt. Aber diese Komik ist zweischneidig. Auch jene Sachen und Werkzeuge werden dabei entlarvt.

Der unpraktische Chaplin der modernen amerikanischen Volkspoesie ist eben der amerikanische Schildbürger. Die Märchen von den dummen Bauern, die das Sonnenlicht in Säcken in die fensterlose Kirche tragen wollten, waren Ausdruck eines agrarischen Bauernhumors. Nun, Chaplin als Pfandleiher untersucht die zum Versetzen gebrachte Uhr mit dem Stethoskop und macht sie dann mit dem Konservenöffner auf. Das ist die Schildbürgerkomik der industriellen Großstadt.

Doch Chaplin ist zwar unpraktisch, aber ungeschickt ist er gar nicht. Im Gegenteil. Ein Akrobat kämpft da mit den ihm dämonisch unbekannten, fremden Dingen der Zivilisation, so daß dieser Kampf zu einem aufregenden, heroischen Duell wird, in dem Chaplin doch immer siegt. Und dies ist das Bedeutendste an seiner Kunst, das ist das Wesentliche, daß er eine einfältige Natürlichkeit einer raffinierten Künstlichkeit gegenüberstellt, aber immerhin Natur gegen Zivilisation. In seinem schwierigen, aber siegreichen Kampf gegen die Gebrauchsgegenstände liegt eine groteske und spöttische Empörung gegen unsere naturfremde Werkzeugzivilisation überhaupt. Das Rührend-Menschliche seiner ganzen verträumten Einfältigkeit besteht darin, daß es ein kindlich-ursprüngliches Menschentum inmitten einer »verdinglichten« (siehe Marx: »Das Kapital«), maschinentoten Zivilisation darstellt. Bei diesem plattfüßigen Akrobaten, verschmitzten Schlemihl, schlauen Tölpel hat man auch bei dem größten Unsinn, den er treibt, immer die Empfindung, daß er irgendwie, irgendwo doch recht hat.

III

Bedeutender als Chaplin der Filmschauspieler ist Chaplin der Filmdichter. Seine Kindlichkeit gibt ihm hier jene Perspektive der Welt, durch die sie filmmäßig poetisch wird. Das ist die Poesie des kleinen Lebens, das ist das stumme Leben der kleinen Dinge, bei dem nur Kinder und ziellose Strolche verweilen. Und gerade dieses Verweilen ergibt die reichste Filmpoesie.

Darum ist Chaplin vor allem der Meister jener unliterarischen, spezifischen »Filmsubstanz«, von der kluge europäische Theoretiker träumen. Er bringt nie eine fertig ausgedachte, fest komponierte Fabel, die er dann nachträglich mit den realen Einzelheiten des Lebens füllen sollte (wie man etwa die flüssige Bronze in die fertige Form gießt). Er fängt nicht mit der Idee, nicht mit der Form, sondern mit der lebendigen Materie der Einzelwirklichkeiten an. Er dichtet nicht deduktiv, sondern induktiv. Er formt sein Material nicht, sondern läßt es wachsen und sich entfalten wie eine lebendige Pflanze. Er pfropft sie mit seinem Herzblut, züchtet und veredelt sie zu tieferer Bedeutung. Er ist kein Bildhauer der toten Materie, sondern ein Kunstgärtner des lebendigen Lebens.

Asta Nielsen, wie sie liebt und wie sie alt wird

Wenn man schon verzweifeln möchte an der Berufenheit des Films, eine eigene, wirkliche Kunst zu werden, die würdig ist, daß sie eine zehnte Muse auf dem Olymp vertritt, wenn es einem fast selbst schon so vorkommt, als wenn der Film nur ein verkrüppeltes Theater wäre und sich zu diesem verhielte wie die photographische Reproduktion zum Ölgemälde, ja, wenn man zu zweifeln anfängt, dann ist es doch nur die Asta Nielsen, die einem Glauben und Überzeugung wiedergibt.

Da spielt sie zum Beispiel Liebe und Liebelei in einem Film, der schon darum kein photographischer Nachguß eines Bühnendramas sein kann, weil er gar keinen bühnenfähigen Inhalt hat. Der von Jessner inszenierte *Erdgeist*-Film hat sich alles Literarischen entledigt. Es ist überhaupt kein Drama. Es ist ein großartiges Gebärdenspiel der Erotik.

Der einzige Inhalt dieses Films ist, daß Asta Nielsen mit sechs Männern kokettiert, flirtet, liebelt und sie verführt. Der Inhalt dieses Films ist die erotische Ausstrahlung dieser Frau, die uns hier das große, vollständige Gebärdenlexikon der sinnlichen Liebe gibt. (Vielleicht ist das sogar die klassische Form der Filmkunst, wo keine »Handlung« mit äußeren *Zwecken* die Gebärden hervorruft, sondern jede Gebärde nur *Gründe* hat und darum nach innen deutet.) Nun ist aber die Erotik – hier wird es klar – das eigenste Filmthema, der Filmstoff an sich. Erstens darum, weil es immer, zumindest immer *auch* ein körperliches Erleben, also sichtbar ist. Zweitens gibt es nur in der Erotik eine restlose Möglichkeit des *stummen Verständnisses.* Ein Dialog der Verliebten kann nur mit den Augen geführt werden, ohne daß etwas ungesagt bleibt, und die plumpen Worte würden nur stören. Minnespiel und Mienenspiel waren von jeher Schwestern.

Die Variabilität der Gebärden, der Reichtum an mimischen Ausdrücken, ist bei Asta Nielsen betäubend. Der große Wortschatz gehört bei Dichtern zum Zeichen ihrer Größe. Shakespeare wird nachgerühmt, daß er 15 000 Wörter verwendete. Wenn mit Hilfe der Kinematographie einmal unser erstes Gebärdenlexikon zusammengestellt sein wird, kann erst der Gebärdenschatz Asta Nielsens ermessen werden.

Der besondere künstlerische Wert der Asta-Nielsen-Erotik besteht aber darin, daß sie durchaus vergeistigt ist. Die Augen sind es hier vor allem, nicht das Fleisch. Ihre abstrakte Magerkeit ist ein einziger zuckender Nerv mit einem verzerrten Mund und zwei brennenden Augen. Sie ist nie entkleidet, sie zeigt nicht ihre Schenkel wie Anita Berber (wobei zwischen Gesicht und Hintern kaum zu unterscheiden ist), und doch könnte dieses tanzende Laster zu Asta Nielsen in die Schule gehen. Sie ist mit ihren Bauchtänzen ein Lamm gegen die angekleidete Asta Nielsen. Denn diese kann obszöne Entblößung *schauen* und sie kann lächeln, daß der Film von der Polizei als Pornographie beschlagnahmt werden müßte. Diese spiritualisierte Erotik ist das Gefährlich-Dämonische, weil sie durch alle Kleider hindurch fernwirkend ist.

Und darum wirkt Asta Nielsen nie geil. Sie hat immer etwas Kindliches. Aber in dieser Rolle, wo sie doch eine Dirne spielt, die im Moment, da sie Oberhand gewinnt, sofort beobachtend, berechnend wird, in dieser Dirnenrolle wirkt ihre Naivität schon pflanzenhaft. Sie ist nicht unmoralisch, sondern eine gefährliche Naturgewalt und unschuldig wie ein Raubtier. Sie frißt die Männer nicht mit böser Absicht, und ihr Abschiedskuß (sie küßt den Mann, den sie erschossen hat) ist rührender als alle Tränen verlassener Filmjungfrauen. Ja, senkt die Fahnen vor ihr, denn sie ist unvergleichlich und unerreicht.

In Asta Nielsens Kindlichkeit liegt ihr Filmgeheimnis, das Geheimnis ihres mimischen Dialogs, *der ohne Worte einen lebendigen Kontakt* mit dem Partner schafft. Sonst mimen auch die besten Schauspieler nur Monologe auf dem Film, die, einander gegenübergestellt und angepaßt, den Anschein eines Dialogs erwecken sollen. Aber die Brücke der Worte fehlt und die Einsamkeit der Stummheit scheidet die Spieler. Denn nur aus der gesprochenen Antwort ist zu erfahren, wie weit einer den anderen verstanden, wie weit einer den anderen innerlich berührt hat. Wie sehr dieses Medium der Worte trotz allem fehlt, hat jeder erlebt, der einmal einer Kinovorstellung ohne Musik beigewohnt hat.

Nun, die Szenen Asta Nielsens spielen sich auch ohne Musik nicht in einem kalten, luftleeren Raum ab. Asta Nielsen hat auch ohne das verbindende Medium der Musik innigsten Kontakt mit ihrem Partner. Wodurch?

Asta Nielsens Mienenspiel ahmt, wie das der kleinen Kinder, während des Gesprächs die Mienen des anderen nach. Ihr Gesicht trägt nicht nur den eigenen Ausdruck, sondern kaum merklich (aber immer fühlbar) reflektiert sich darin wie in einem Spiegel der Ausdruck des anderen. Wie ich im Theater hören kann, was die Heldin hört, so kann ich an ihrem Gesicht sehen, was sie sieht. Sie trägt den ganzen Dialog auf ihrem Gesicht und verschmelzt ihn zur Synthese des Erfassens und Erlebens.

Sie spielte einmal Hamlet und trat im vorletzten Akt mit der regungslos-apathischen Maske der Melancholie vor den hohen Thron des Norwegerkönigs Fortinbras. Dieser erkennt in Hamlet den alten Kameraden und kommt mit ausgebreiteten Armen, lächelnd auf ihn zu. Großaufnahme von Asta Nielsens Gesicht. Sie schaut ihn, den sie nicht erkennt, mit leeren Augen, verständnislos an. Ihre Lippen ahmen mit einer sinnlosen Grimasse das Lächeln des Nahenden nach. Das Gesicht Fortinbras' ist an dem ihrigen wie in einem Spiegel zu erkennen. Sie nimmt das Gesicht auf, es taucht in ihr unter, kehrt als erkanntes wieder, und das Lächeln, das nur eine von außen aufgedrückte Maske war, wird von innen allmählich durchwärmt und wird zu lebendigem Ausdruck. Das ist ihre ganz eigene Kunst.

Senkt die Fahnen vor ihr, denn sie ist unvergleichlich und unerreicht. Senkt die Fahnen vor ihr, denn durch ihre Kunst wird selbst der *Absturz* des alternden Weibes zum steilen Aufstieg der Schauspielerin. Asta Nielsen ist die erlöste Künstlerin, die ihr Leben so restlos in Kunst gestaltet, daß aus jedem Schmerz und jedem Verlust doch nur die Freude einer neuen Rolle wird.

Sie hat diesen *Absturz* gespielt. Wir sehen eine Frau, die uns durch Jahrzehnte hindurch zwang, ihre Jugend mit allen Stürmen zu erleben, wir sehen diese Frau im Herbststurm entlaubt vor unseren Augen alt werden. Asta Nielsen ist jetzt öffentlich, vor den Augen des Publikums alt geworden. Denn sie hat dabei nichts zu verbergen. Für diese Künstlerin ist das Alter keine Niederlage, kein Welken und Verderben. Denn indem sie diese Niederlage, dieses Welken spielt – wird das Alter bloß zu einer neuen Rolle, die als Kunst neu und frisch ist wie nur irgendeine Jugend. So überwindet die Kunst das Leben. Asta Nielsen legt ihre Jugend ab wie ein Kostüm, dessen sie überdrüssig ward, und kleidet sich in das Alter – in ihre jüngste Kreation – mit siegessicherem Stolz.

Das Textbuch dieses Films ist gleichgültig. Es ist gut, denn es gibt Spielgelegenheit für Asta Nielsen. Es ist ausgezeichnet, weil der wesentliche Inhalt nicht eine auch novellistisch erzählbare Fabel ist, sondern ein Schicksal, dessen Stürme auf einem Gesicht sichtbar werden. Und dieses Gesicht wird zu einer dramatischen Bühne, die aus den Fugen geht vor den auf ihr tobenden Leidenschaften, es wird zu einem Schlachtfeld, auf dem sich aufregendere Kämpfe abspielen als zwischen den Komparsenmassen der Hindenburg-Regisseure. Es ist das Gesicht Asta Nielsens.

Der kurze Inhalt ist, daß eine noch schöne, noch glänzende Sängerin einem jungen Liebhaber sagen muß: »Nein, heiraten wollen wir nicht, ich bin ja zu alt für dich.« Dieser junge Liebhaber nun begeht ihretwegen einen Mord und wird auf zehn Jahre ins Zuchthaus gesperrt. »Ich will auf dich warten«, schreibt ihm die Frau, und der Junge träumt im Kerker, zehn Jahre lang, von seiner Geliebten und sieht sie strahlend schön wie am ersten Tage. Doch in diesen zehn Jahren wird die Frau alt und häßlich. Mehr noch – Asta Nielsen treibt alles aufs Äußerste wie jeder fanatische Künstler –, sie wird ekelhaft. Krankheit und Elend ziehen sie in den Abgrund faulender Verkommenheit. (Wie Asta Nielsen das spielt! Mit welcher Wut dieses Weib in ihren Wunden wühlt!) Nun kommt der große Tag. Die alt und schäbig gewordene Frau mit dem verwüsteten Gesicht steht zitternd vor dem Gefängnistor, aus dem der Junge herauskommen soll. Er kommt. Er weiß, daß seine Geliebte ihn erwartet. Er späht umher. Er geht langsam und schaut jedem ins Gesicht. Er sieht auch eine schäbige alte Frau halb ohnmächtig an einen Baum gelehnt – und geht traurig weiter. Seine Geliebte hat ihn nicht erwartet. Und jetzt kommen über hundert Meter Großaufnahmen von Asta Nielsens Gesicht!

Ein bebendes Hoffen, tödlicher Schreck, Augen, die um Hilfe schreien, daß es einem in den Ohren gellt, dann stürzen die Tränen – sichtbar, wirklich – über die mageren Wangen, die jetzt plötzlich, vor unseren Augen, ganz verwelken, und wir sehen eine Seele sterben – premierplan, auf dem Gesicht Asta Nielsens. Wir sehen das nah und deutlich wie der Operateur, der das zukkende Herz in der Hand hält und die letzten Schläge zählt.

Es ist ein hoffnungsloses Unternehmen, in einem Aufsatz ein Bild von Asta Nielsen zu geben. Es ist höchste Zeit, daß man ein gutes Buch über sie schreibt. Ich möchte aus diesem Film nur noch eine Szene hervorheben. Es sind eigentlich zwei. Asta Nielsen schminkt sich in diesem Film zweimal. Das erste Mal tut es die gefeierte Diva in ihrer Garderobe, bevor sie auf die Bühne tritt, um den sicheren Sieg davonzutragen. Sie legt die Farben an wie der unbesiegbare Held seine strahlende Rüstung anlegt, mit jauchzendem Übermut, zum Überfluß. Sie hat es ja gar nicht nötig. Und im letzten Akt schminkt sie sich wieder. Da schminkt sich die alte, verwelkte Frau, um dem noch jungen Geliebten nach zehn Jahren entgegenzutreten. Das ist das Höchste, was ich bisher in der Filmkunst gesehen habe. Es ist eine letzte, hoffnungslose, verzweifelte Schlacht. Kein spielerisch-koketter Übermut. Mit einem bleichen, düsteren Ernst blickt sie in den Spiegel, mit Sorge und unsagbarer Angst. Wie ein Feldherr, der, umzingelt, sich noch ein letztes Mal über die Mappe beugt: »Was ist da noch zu machen?« Und sie fängt mit bebender Hand zu arbeiten an. Sie hält den Stift wie Michelangelo in seiner letzten Nacht den Meißel halten mochte: Es geht um Leben und Tod. Dann mustert sie das Resultat und zuckt die Achseln. Dieses Achselzucken sagt: jetzt bin ich tot. Dann nimmt sie einen schmutzigen Fetzen und wischt die Schminke weg. Diese kurze Bewegung ist, wie wenn sich einer vor unseren Augen aufhängen würde. Es wird einem unwohl.

Senkt die Fahnen vor ihr, denn sie ist unvergleichlich und unerreicht.

Anhang

Nachwort

Helmut H. Diederichs

»Ihr müßt erst etwas von guter Filmkunst verstehen«

Béla Balázs als Filmtheoretiker und Medienpädagoge

Das bewegte Leben Béla Balázs', sein vielfältiges Werk und seine umstrittene Persönlichkeit haben schon zu seinen Lebzeiten, aber auch in den über 50 Jahren seither unterschiedlichste, ja gegensätzliche Lesarten produziert: der ungarische Lyriker und Dramatiker, der Schüler Simmels und der Lebensphilosophie, der katholische Mystiker jüdischer Herkunft, der Drehbuchautor und Filmpraktiker, der Märchenerzähler und Romancier, der kommunistische Aktivist, der marxistische Filmpublizist, der sozialistische Filminternationalist, der Klassiker der formästhetischen Filmtheorie. Diesen Lesarten ist vor allem im Zusammenhang mit Balázs' Wiener Emigrationsjahren und seinem in dieser Zeit entstandenen Buch *Der sichtbare Mensch* eine weitere hinzuzufügen: Béla Balázs als Medienpädagoge.

Im Schnittpunkt von Pädagogik, Kommunikationswissenschaften, Soziologie und Psychologie hat sich in den zurückliegenden drei Jahrzehnten die Medienpädagogik als eigenständige akademische Disziplin etabliert. Inner- und außerschulische Medienarbeit mit Film und Fernsehen, Radio, Video, Computer und Internet hat im gleichen Zeitraum qualitativ und quantitativ an Bedeutung gewonnen. Da wird auch der Blick zurück in die Historie des Faches und seiner Vorläufer immer wichtiger. Die Geschichtsschreiber der Medienpädagogik müssen sich aber bei Behandlung der Stummfilmjahre nicht mehr allein auf die bewahrpädagogischen Hardliner der Kinoreformbewegung beziehen. Sie können als Beispiel für einen konstruktiven Zugang im Sinne der modernen Medienpädagogik auf *Der sichtbare Mensch* von 1924 zurückgreifen, dessen Autor Béla Balázs sich bei näherer Betrachtung als engagierter Medienpädagoge erweist. »Nein, wahrlich, ich bin nicht gekommen, um euren Genuß zu stören. Im Gegenteil. Ich will es versuchen, eure Sinne und Nerven zu größerer Genußfähigkeit zu stimulieren.« So heißt es in der »Vorrede an das Publikum«. Und: »Ihr müßt erst etwas von guter Filmkunst verstehen, um sie dann zu bekommen, ihr müßt erst lernen, ihre Schönheit zu sehen, auf daß sie überhaupt entstehen kann.« Medienpädagogik will Medienkompetenz sowohl in kritisch-rezeptivem als auch kreativ-produktivem Sinne bewirken – beides hat Balázs schon in den 20er Jahren getan: *Der sichtbare Mensch* erweist sich als Kunsttheorie mit erklärten medienpädagogischen Absichten. In seiner Vorrede »Vom schöpferischen Genuß« fordert Balázs das Publikum auf zu lernen, um die Filmkunst auf höherer Ebene zu genießen. »Wenn ihr Schlechtes von Gutem scheiden werdet, geht für euch vielleicht manches verloren. Doch ihr gewinnt dafür den Genuß des Wertes.« Auch Balázs' Filmkritikertätigkeit dieser Jahre soll die Fähigkeit seiner Leser zur kritischen Rezeption stärken. Die kreativ-produktive Medienkompetenz hat Balázs weltweit durch seine formästhetischen filmtheoretischen Werke gefördert. In *Der sichtbare Mensch* wendet er sich in einer weiteren Vorrede »An die Regisseure und alle anderen Freunde vom Fach«, fordert er zu einem Miteinander von Praxis und Theorie, zur Bewusstwerdung der filmischen Mittel auf: »In diesen Fällen muß sich wohl auch der Regisseur der Prinzipien, die er unbewußt angewendet hat, einmal bewußt werden, damit sie ihm zur handlichen Methode werden.«

Einige Wochen nach dem Erscheinen seines Buches *Der sichtbare Mensch* im März 1924 hielt Balázs – der im Vorkriegsungarn einige Jahre als Deutschlehrer gearbeitet hatte – ein Referat auf einer Wiener Kinoreformtagung und unterbreitete den dort anwesenden Pädagogen unter anderem den Vorschlag:

»Man möge das Unterrichtsministerium dazu bewegen, am Konservatorium einen *Lehrstuhl für Filmdramaturgie* zu errichten für angehende *Filmregisseure*, Kinoschauspieler und jedermann, der sich in dieser Hinsicht eine theoretische Bildung aneignen möchte; denn es ist doch unmöglich, daß die Filmkunst, die heute bereits viel verbreiteter und einflußreicher ist als das Theater, ganz dem Dilettantismus ausgeliefert sei und den Interessenten nicht einmal die Möglichkeit gegeben werde, etwas Gründliches zu lernen, wenn sie wollen.«

Eine weitere medienpädagogische Initiative ergriff Balázs auf der Volksbildner-Tagung im Oktober 1925 in Wien, der »Sechsten deutschen Bildwoche«, auf der auch der »Unterhaltungsfilm vom erzieherischen Standpunkt« besprochen wurde. Balázs' Prämisse: »Nun ist heute die den Film betreffende ästhetische Bildung viel wichtiger als jede andere.« Im Anschluss stellte er einige der wesentlichen Argumente aus *Der sichtbare Mensch* vor und forderte zur Annahme seiner Resolution auf: »Man möge in den Schulen den ästhetischen Unterricht nicht nur auf die Literatur, die Musik und die bildenden Künste beschränken, sondern auch auf die Filmkunst als auf die Volkskunst der Zeit ausdehnen und für die entsprechende Vorbildung der Lehrer Sorge tragen.« Balázs selbst wurde in späteren Jahren ein begeisterter und begeisternder praktizierender Medienpädagoge: in den dreißiger Jahren lehrte er Filmtheorie in Moskau und nach dem Zweiten Weltkrieg gründete er in Budapest ein Filminstitut.

Der Hauptteil dieses Nachwortes bleibt dem Filmtheoretiker Balázs gewidmet. Die folgende Parforcetour durch Balázs' Leben und Werk stellt sein filmtheoretisches Schaffen in den biographischen und Arbeits-Zusammenhang. Béla Balázs wird unter dem Namen Herbert Bauer am 4. August 1884 im ungarischen Szeged geboren. Sein Vater, Dr. Simon Bauer, ist Mittelschullehrer, aber auch Übersetzer deutscher und französischer Literatur. Seine Mutter, die Ostpreußin Jenny Levy, ist ebenfalls Lehrerin. Herbert hat zwei jüngere Geschwister, Hilda und Ervin. Als Herbert fünf Jahre alt ist, wird der Vater nach Löcse im damaligen Nordungarn strafversetzt. Für den wissenschaftlich ambitionierten Vater die Katastrophe seines Lebens, wird das Karpatennest Löcse für Herbert zum Schauplatz einer erlebnisreichen Kindheit, die er in seiner Autobiographie *Die Jugend eines Träumers* anschaulich nacherzählt. Nach acht Jahren in Löcse stirbt der Vater und die Mutter kehrt mit den Kindern nach Szeged zurück. Mit 16 veröffentlicht Herbert sein erstes Gedicht in einer Szegediner Tageszeitung – in diesem Zusammenhang entsteht der Künstlername Béla Balázs. Sein Entschluss steht fest: Er will Dichter werden. Balázs schreibt 1902 die beste Abiturarbeit des Bezirkes in ungarischer Literatur, erhält dafür einen Preis und ein Stipendium am renommierten Eötvös-Kollegium in Budapest. Dort teilt er das Zimmer mit Zoltán Kodály, durch den er Béla Bartók kennenlernt. Er beginnt an der Universität deutsche und ungarische Literatur zu studieren. Mit Kodály, Georg Lukács und anderen gehört Balázs im Frühling 1904 zu den Gründern der Thália-Gesellschaft, die sich die Förderung des modernen ungarischen Dramas zum Ziel setzt. Balázs begleitet Bartók und Kodály auf ihren der Sammlung von Volksliedern gewidmeten Reisen durch die Dörfer um Szeged. Vom Herbst 1906 bis zum Sommer 1907 befindet sich Balázs, begleitet von Kodály, zu Studienaufenthalten in Berlin und Paris. In Berlin nimmt er intensiv am kulturellen Leben teil, vollendet er sein Drama *Dr. Margit Szélpál*, studiert er bei Simmel und Dilthey. Im philosophischen Seminar von Simmel trägt er seinen Essay *Todesästhetik* (*Halálesztétika*) vor, den er 1908 in Budapest publiziert.

In der 1908 gegründeten Zeitschrift *Nyugat* (*Westen*) – bald die wichtigste literarische Zeitschrift des Landes – veröffentlicht Balázs Gedichte und Prosa, Kritiken und Essays. Weitere Gedichte erscheinen im selben Jahr in der Anthologie *Holnap* (*Morgen*). Im September 1908 wird Balázs in Germanistik promoviert (Nebenfächer Ästhetik und Philosophie); in seiner Doktorarbeit befasst er sich mit Friedrich Hebbels Weltanschauung des Pantragismus. Balázs arbeitet zunächst als Mittelschullehrer für Deutsch. Sein Stück *Dr. Margit Szélpál* fällt 1909 am Nationaltheater in Budapest durch, späteren dramatischen Versuchen ergeht es kaum besser. Entschiedenster Fürsprecher der frühen Balázs'schen Dramatik und Poesie ist Georg Lukács, der ab 1909 zum Freund wird. Lukács fasst später seine Kritiken zu Balázs' literarischen Werken in dem Band *Béla Balázs ès akiknek nem kell* (*Béla Balázs und die ihn nicht mögen*, 1918) zusammen. Noch 1909 lernt Balázs seine erste Frau, Edith Hajós, eine angehende Medizinerin, kennen. 1910 schreibt er einige Mysterienspiele, die in *Nyugat* bzw. in einem eigenständigen Buch gedruckt werden; zwei der Spiele benutzt Bartók als Libretti für die Oper *Herzog Blaubarts Burg* und das Ballett *Der holzgeschnitzte Prinz*. 1911 kommt Balázs' erster eigener Gedichtband *A vándor énekel* (*Der Wanderer singt*) heraus. Balázs lässt sich für ein Jahr von der Schule beurlauben, besucht Edith in der Schweiz und Lukács in Deutschland, unternimmt mit beiden und allein Reisen nach Florenz, Paris, Berlin. Im Frühjahr 1913 heiraten Edith und Balázs, der vom Judentum zum Katholizismus übertritt und seinen Künstlernamen als offiziellen Namen annimmt. Zum Ende des Schuljahres gibt Balázs den Lehrerberuf auf und arbeitet als Bibliothekar. Sein Essay *Dialógus a dialógusról* (*Dialog über den Dialog*) erscheint. Sein Interesse an fernöstlicher Philosophie führt Balázs in die Theosophische Gesellschaft; dort trifft er Anfang 1914 die verheiratete und acht Jahre ältere Anna Schlamadinger (geborene Hamvassy). Anna wird Balázs' Muse, für sie schreibt er seine schönsten Liebesgedichte. Anna, Edith und Balázs bilden für einige Jahre ein »curious triangle« (so Balázs-Biograph Zsuffa), sie treten auch in der Öffentlichkeit als solches auf.

Nach Ausbruch des Ersten Weltkrieges bezieht Balázs in seinem Aufsatz *Paris oder Weimar?* Position für die deutsche Kultur, die der französischen überlegen sei. Zunächst wegen einer Augenschwäche abgelehnt, gelingt es ihm aber doch, zur Armee eingezogen zu werden. Nach drei Monaten erkrankt er schwer. Seine Erfahrungen an der serbischen Front verarbeitet er in dem *Nyugat*-Artikel *Geh hin und leide auch du* (ein Motto nach Dostojewskij) und in seinem Kriegstagebuch *Lélek a háborúban* (*Seele im Kriege*, 1916). Nach der Genesung wird Korporal Balázs nach Szabadka versetzt und mit Büroarbeit betraut. Im Herbst 1915 wird er aus der Armee entlassen und kehrt nach Budapest zurück. Balázs, Lukács und andere gründen eine informelle Diskussionsrunde, den legendären »Sonntagskreis«, mit Lukács als intellektuellem Kopf und Balázs als Organisator und persönlichem Bezugspunkt. Zum engeren Kreis, neben Anna und Edith, gehören Karl Mannheim, Arnold Hauser, Lajos Fülep, Anna Lesznai, Béla Fogarasi etc. Im Herbst 1916 bringt Balázs seinen Gedichtband *Tristan hajójan* (*Auf Tristans Schiff*) heraus. 1917/18 organisieren die Mitglieder des »Sonntagskreises« eine »Freie Schule für Geisteswissenschaften«, zu der beispielsweise auch Kodály und Bartók Vorträge beisteuern. Balázs referiert Anfang 1918 über »Lyrische Sensibilität«. Im Mai 1917 hat das Balázs-Bartók-Ballett *Der holzgeschnitzte Prinz* in Budapest Premiere, und Balázs engagiert sich intensiv bei den Vorbereitungen. Im Oktober erscheint sein Stück *Halálos fiatallság* (*Tödliche Jugend*). Im Frühling 1918 veröffentlicht er die Werke *Hét mese* (*Sieben Märchen*) und *Kalandok és figurák: Vázlatok* (*Abenteuer und Personen: Skizzen*). Im Mai kommt, sieben Jahre nach der Entstehung, Balázs' und Bartóks Oper *Herzog Blaubarts Burg* zur Uraufführung in Budapest.

Balázs nimmt aktiv sowohl an der ungarischen bürgerlich-nationalen Revolution vom Oktober/November 1918 als auch an der proletarischen Räterevolution vom März 1919 teil. Während der 133 Tage der Räteregierung von Béla Kun wird er vom Volkskommissar für das Bildungswesen, Georg Lukács, in ein elfköpfiges Schriftstellerdirektorium berufen, ist er für die Theater des Landes zuständig. Als im April 1919 die Räterepublik von konterrevolutionären rumänischen und tschechischen Truppen angegriffen wird, geht Balázs an die Front, heiratet am Tag zuvor Anna. Nach der militärischen Niederlage kehrt er Anfang August 1919 heimlich nach Budapest zurück. In den folgenden Monaten muss er sich an ständig wechselnden Orten verstecken, bevor es ihm Ende November gelingt, mit Anna per Schiff nach Österreich zu entkommen. Sein für Jahrzehnte letztes Buch in Ungarn kam noch im Juni heraus: *A fekete korsó* (*Die schwarze Urne*).

In Wien übersetzt Balázs zunächst eigene Werke ins Deutsche und bietet sie Verlagen an, schreibt er zahlreiche Beiträge für Wiener und Bukarester Emigrantenblätter (z. B. *Bécsi Magyar Újság* und *Új világ*). Sein Drama *Tödliche Jugend* wird 1920 in Wien aufgeführt; 1921 erscheint die deutsche Ausgabe seiner *Sieben Märchen*. Im selben Jahr 1921 beginnt er für den Wiener Filmregisseur Hans Otto Löwenstein Drehbücher zu schreiben: *Kaiser Karl* (1921) und *Der Unbekannte aus Rußland* (1922) werden verfilmt. Seine bereits in Wien entstandenen chinesischen Novellen, *Der Mantel der Träume*, kann Balázs 1922 publizieren. Im Herbst desselben Jahres übernimmt er die Filmkritik-Spalte der neugegründeten Wiener Tageszeitung *Der Tag*; bis Anfang 1925 entstehen über 200 Filmkritiken. Bis zum Ende seiner Wiener Zeit im April 1926 schreibt Balázs überdies etliche Theaterkritiken und Sonntagsfeuilletons für das Blatt. Nach der Hälfte seiner Filmkritikerzeit resümiert Balázs seine Gedanken und Positionen in seinem ersten filmtheoretischen Buch *Der sichtbare Mensch*, das im Frühjahr 1924 in Wien erscheint (eine zweite Auflage kommt 1926 in Halle heraus). Das Buch macht Balázs sofort im deutschen Sprachraum – aber auch in der Sowjetunion nach gleich zwei Übersetzungen – als Filmkunstkapazität bekannt. In den Wiener Jahren bringt Balázs jedoch auch weitere literarische Arbeiten heraus: auf Ungarisch die Novelle *Isten tenyerén* (*In Gottes Hand*, 1921) und den Gedichtband *Férfiének* (*Mannesgesang*, 1923), auf Deutsch das Märchenbuch *Das richtige Himmelblau* (1925) und den Prosaband *Der Phantasie-Reiseführer* (1925), ferner eine Theorie des Dramas *A szinjáték elmélete* (1922). An einer weiteren Regiearbeit von Löwenstein, dem Episodenfilm *Moderne Ehen* von 1924, ist Balázs als einer von drei Autoren beteiligt.

Nach Wien ist Berlin die nächste Station des Emigranten Balázs – hier hofft er auf eine regelmäßige und erfolgreiche Beschäftigung als Drehbuchautor. Noch in der zweiten Hälfte 1926 entstehen zwei Filme nach seinen Vorlagen: der »Querschnittfilm« *Abenteuer eines Zehnmarkscheines* (Regie: Berthold Viertel) und das Lustspiel *Madame wünscht keine Kinder* (Regie: Alexander Korda). 1927 verfaßt er die Drehbücher zu *Eins plus Eins gleich Drei*, *Grand Hotel...!*, *Das Mädchen mit den fünf Nullen* sowie den Bergner-Czinner-Film *Doña Juana*. War Balázs schon bei früheren Filmen selten zufrieden mit dem fertigen Produkt, so kommt es bei einem weiteren Bergner-Czinner-Film, *Fräulein Else*, zum Eklat: Balázs zieht seinen Namen zurück. In den Jahren 1928-29 wendet er sich wieder verstärkt literarischen, kulturpolitischen und journalistischen Aktivitäten zu: Er begründet mit Heinrich Mann, G. W. Pabst, Erwin Piscator, Karl Freund und anderen den »Volksverband für Filmkunst« und bearbeitet die deutschen Fassungen etlicher Sowjetfilme; es entstehen Bühnen- und Straßentheaterprojekte. 1929 kommt sein Roman *Unmögliche Menschen*, den er noch in Ungarn begonnen und in Wien teilweise in Ungarisch publiziert hatte, in Deutsch heraus. Er schreibt ein Stück für das proletarische Kindertheater, *Hans Urian geht nach Brot*, verfasst das Libretto der Oper *Achtung, Aufnahme!* und bringt sein Stück *Menschen auf der Barrikade* heraus. Regelmäßig schreibt Balázs in der *Weltbühne* und anderen kulturellen und politischen Blättern, selten nur noch in der Filmpresse. Von der Filmbranche wird er weiterhin als Nothelfer in Drehbuchfragen geschätzt, ohne deshalb im Vorspann genannt zu werden. Doch 1929 wird wieder ein Balázs-Drehbuch verfilmt: Unter der Regie von Alfred Abel entsteht *Narkose*, nach einer Vorlage von Stefan Zweig. Ebenfalls 1929 trifft Balázs auf dem ersten internationalen Kongress des unabhängigen Films in La Sarraz in der Schweiz mit Hans Richter, Walter Ruttmann, Sergej Eisenstein und anderen zusammen. Bereits 1926 hatte Eisenstein den Thesen eines Balázs-Vortrages widersprochen. Balázs seinerseits kritisiert in seinem zweiten Filmtheoriebuch von 1930, *Der Geist des Films*, das Eisenstein'sche Konzept des intellektuellen Films. Den Film*regisseur* Eisenstein schätzt Balázs jedoch sehr: Er versucht mehrfach, aber vergeblich Eisenstein für seine Exposés zu interessieren. Balázs' erster Tonfilm ist die deutsche Version von Gouldings *The Devil's Holiday* mit dem Titel *Sonntag des Lebens*. Im Frühjahr und Sommer 1930 erzwingt eine lebensbedrohende Krankheit eine dreimonatige Arbeitspause. Danach übernimmt er es, am Skript von Pabsts *Dreigroschenoper*-Verfilmung mitzuarbeiten. Für das Projekt *Die Löwin* begleitet Balázs den Regisseur Jan Kuharski und die Crew zu den Dreharbeiten nach Nordafrika; aufgrund einer Intrige des Kameramannes wird das Material jedoch von den französischen Behörden beschlagnahmt und vernichtet. Balázs' letzte Filmarbeit in Deutschland wird bis heute für ihn zur politischen Belastung: Für Leni Riefenstahl schreibt er 1931 *Das blaue Licht*, für mehrere Wochen ist er an den Dreharbeiten beteiligt.

Im Oktober 1931 übersiedelt Balázs nach Moskau, eingeladen von der Produktionsfirma Meshrabpom, für die er sogleich ein Drehbuch über die ungarische Sowjetrepublik von 1919 nach dem Roman *Brennende Theiß* von Béla Illés verfasst. Doch erst 1933 – als Lukács durch die Nazischergen zur Flucht nach Moskau gezwungen und Balázs die ursprünglich geplante Rückkehr nach Berlin unmöglich gemacht wird – weiß Balázs' einstiger Freund und Bundesgenosse die Bedenken der Exilungarn gegen das Projekt zu zerstreuen, und Balázs kann *Tisza garit* als Coregisseur realisieren. Der Film wird nach der Fertigstellung 1934 sofort verboten. Im Herbst 1933 beginnt Balázs, an der Moskauer Filmhochschule (GIK/WGIK) Filmtheorie zu unterrichten. Er schreibt eine Reihe von Filmartikeln für russische und ausländische Zeitschriften, die er zum Teil in die erweiterte russische Fassung seines *Geist des Films* einarbeitet: *Dukh filma* (1935). Ab Frühjahr 1935 dreht er in Odessa nach eigenem Drehbuch den antifaschistischen Kinderfilm *Karl Brunner*. Der Roman dazu mit dem Titel *Karlchen, durchhalten!* erscheint im Jahr darauf in deutscher Sprache in Moskau. Im Juni 1936 unterzeichnet Balázs den Vertrag für sein drittes Filmtheoriebuch *Kunst des Films*, doch sollte es neun Jahre dauern, bis er es auch veröffentlichen kann. Aus politischen Gründen muss er das Manuskript mehrfach überarbeiten, um zu erleben, dass sein Vertrag dennoch annulliert wird. Balázs zieht sich deshalb 1938 ganz von der Filmtheorie zurück, in den zurückliegenden zwei Jahren hat er eine Reihe einschlägiger Beiträge, dazu zwei Filmszenarien veröffentlicht (*Internationalisten*, *Der Liebling* [über Mozart]). Er erleidet einen Rückfall seines Herzleidens, der ihn über längere Zeit behindert. Im August 1937 wird sein Bruder Ervin, Biologieprofessor in Leningrad, festgenommen – er stirbt später (1942) in einem Lager. Balázs und Anna ziehen kurze Zeit danach weg von Moskau in das westlich davon gelegene Kleinstädtchen Istra. 1938 kann Balázs zwar sein Stück *Mozart* in Deutsch und Russisch publizieren, doch von den bei diversen Gremien und Studios eingereichten Drehbüchern wird kein einziges verfilmt. Eines davon bearbeitet er 1939 als Roman: *Heinrich beginnt den Kampf*. Stalins Nichtangriffspakt mit Hitler im August 1939 hat für Balázs die Folge, daß seine antifaschistischen Stücke, Romane und Filme nicht mehr gefragt sind. Das *Mozart*-Stück dagegen findet jetzt ein Premierentheater. 1940 vollendet Balázs die Komödie *Himmlische und irdische Liebe*, die jedoch erst nach dem Krieg in Leningrad und (unter dem Titel *Lulu und Beata*) in Budapest auf die Bühne kommt; für die DEFA dreht Rabenalt 1948 die Filmversion *Chemie und Liebe*. Nach dem Überfall der deutschen Armee auf die Sowjetunion im Juni 1941 wird ein in Produktion befindlicher *Mozart*-Film abgebrochen; der antifaschistische *Karl Brunner*-Film kommt wieder in die Kinos und der Roman erlebt eine Neuauflage; für die Romanfortsetzung *Karl, wo bist du?* findet sich schnell ein Verlag (*Karl, gde ty?*). Balázs schreibt ein Kurzfilmskript, das von Shengelaya in Szene gesetzt wird: *V chorni gora* (*In den Schwarzen Bergen*, 1941). Ende 1941 müssen Balázs und Anna vor der herannahenden Front fliehen: zunächst von Istra nach Moskau, dann über Kazan und Taschkent nach Alma-Ata in Kasachstan, in den Kriegsjahren das sowjetische Filmzentrum. Balázs scheitert auch hier mit mehreren Filmszenarien, übersetzt kasachische Volkspoesie ins Deutsche. Im Frühherbst 1942 erkrankt Anna an Typhus, unmittelbar bevor beide nach Moskau zurückkehren wollten. Nach der Rückeroberung Stalingrads durch die Sowjetarmee im Februar 1943 macht sich Balázs allein auf den Rückweg, Anna folgt erst im Sommer 1944. Wieder in Moskau, kann Balázs allmählich an eine Heimkehr nach Ungarn denken: Er übersetzt russische Filme ins Ungarische, ein zweiter Band mit ungarischen Gedichten – nach *Tábortüz mellett* (*Am Lagerfeuer*, 1940) – erscheint in Moskau: *Repülj szavam!* (*Fliege mein Wort!*, 1944). Sein drittes Filmtheoriebuch wird endlich zur Veröffentlichung vorgesehen: Als *Iskusstwo Kino* im Sommer 1945 herauskommt, befindet sich Balázs bereits einige Monate in Budapest.

Balázs beginnt dort, ungarische Ausgaben früherer Werke herauszubringen; er wird für ein Jahr Herausgeber der Filmzeitschrift *Fenyszóro* (*Scheinwerfer*) und sein Gedichtband *Az én utam* (*Mein Weg*) erscheint. Im selben Jahr 1945 tritt er der ungarischen Kommunistischen Partei bei (seit 1931 war er KPD-Mitglied). Balázs' Wunsch, am kulturellen sozialistischen Wiederaufbau Ungarns mitzuarbeiten, stößt allerdings auf Desinteresse, gar Widerstand in der Partei. Im Ausland in den folgenden Jahren als führender marxistischer Filmtheoretiker und -praktiker hoch geschätzt und verehrt, gilt Balázs bei seinen ungarischen Parteigenossen, allen voran Rákosi und Lukács, als bürgerlicher Abweichler, fühlt er sich nicht zu Unrecht stets zurückgesetzt. So bekommt er bei den Budapester Filmoffiziellen kein einziges von etwa einem Dutzend vorgeschlagener Filmexposés durch. Im Jahr 1946 stellt Balázs sowohl die deutsche als auch die ungarische Fassung seiner Autobiographie *Die Jugend eines Träumers* fertig (*Almodó ifjúság*, 1946; die deutsche Fassung erscheint 1947). Er beginnt sein viertes und letztes Filmtheoriebuch, die ungarisch geschriebene Summe und Bewertung der drei früheren: *Filmkultúra* kommt 1948 heraus; die deutsche Ausgabe *Der Film. Werden und Wesen einer neuen Kunst* in Wien 1949. Noch 1946 wird sein *Mozart*-Stück in Budapest aufgeführt. Er reist zu Theaterproben eigener Stücke und zu Vorträgen in die Sowjetunion. Im März 1947 tritt Balázs seine erste größere Auslandsrundreise nach dem Krieg an, mit den Stationen Prag, Wien, Zürich, Bern und Basel. Im selben Jahr leistet er dramaturgische Hilfe bei den Drehbüchern zu Radványis *Valahol Európában* (*Irgendwo in Europa*) und zu Szöts' *Ének a búzamezökröl* (*Lied von den Weizenfeldern*). Im Juni 1947 ist er gefeierter Gast des Locarneser Filmfestivals und im September besucht er das Festival in Venedig.

Anfang 1948 bereist Balázs Rom, Warschau, Paris, Bratislava und das Festival in Marienbad. Als Höhepunkt der Anfeindungen im eigenen Land empfindet er die Reaktionen auf die Premiere seines Stückes *Cinka Panna balladája* (*Ballade von Panna Cinka*) im März 1948, die wegen der äußeren Umstände zu einem Desaster wird. Im August ist Balázs wieder in Venedig und anschließend auf einem Filmkongress in Salzburg. Im Oktober wird er in Budapest zum Leiter eines neu gegründeten Instituts für Filmwissenschaften ernannt – das zunächst nur aus seinem Leiter besteht; dennoch nimmt Balázs diese Lehrtätigkeit sehr ernst. Im

März 1949 beginnt Balázs eine Vortragsreise, die ihn nach Prag, Berlin und Warschau führt. Vor allem sein Aufenthalt in Berlin wird zum Triumphzug und die DEFA engagiert ihn als künstlerischen Leiter. Doch wenige Tage nach seiner Rückkehr erleidet der 64-jährige eine Gehirnblutung, die, kompliziert durch eine Lungenentzündung, zu seinem Tod am 17. Mai 1949 in Budapest führt.

»Ich greife die Positionen der Unsterblichkeit an einer viel zu breiten Front an«, schreibt Balázs 1940 in sein Tagebuch: »Es scheint, als wenn ich in ihre vordersten Stellungen bisher bloß als Filmtheoretiker und Jugendschriftsteller eingedrungen wäre. Und diese Erfolge nicht ausbauen kann, weil es ja nur Nebentalente von mir sind. Nicht das Zentrale – das ja nicht nur Werke zutage fördert, sondern auch mich selber fördert.«

›Unsterblichkeit‹ erlangte der Filmtheoretiker Balázs mit den drei Büchern *Der sichtbare Mensch* (1924), *Der Geist des Films* (1930) und *Filmkultúra* (1948), deren herausragende Bedeutung im folgenden Vier-Stufen-Modell zur Entwicklung der ersten 40 Jahre filmästhetischer Theorie (also ca. von 1910 bis 1950) deutlich werden wird.

Stufe 1 – Diskussion der Kunstfähigkeit des Films: Vergleich mit den alten Künsten.

Stufe 2 – Schauspielertheorie: Film ist Kunst, wenn die aufzunehmende Szene vor der Kamera künstlerischen Ansprüchen genügt, wobei die Hauptlast auf den mimischen und gestischen Fähigkeiten der Schauspieler liegt.

Stufe 3 – Kameratheorie: Die Kamera wird vom bloßen technischen Reproduktionsinstrument zum eigenständigen filmkünstlerischen Mittel (Montagetheorie, Materialtheorie).

Stufe 4 – Entwickelte Formtheorie: Als Reaktion auf den Tonfilm, der die Montageästhetik zugunsten der Inszenierung vor der Kamera wieder zurückdrängte; Vereinigung von Schauspielertheorie, Kameratheorie sowie der Formtheorie des Tonfilms.

Gewissermaßen die fünfte Stufe ist die Überwindung der Formtheorie durch den Realismus (Bazin, Kracauer), der die formgebende der realistischen Tendenz unterordnet. Heute wird die filmtheoretische Diskussion vor allem von akademischen, sprachwissenschaftlichen Filmtheorien dominiert (Filmsemiotik etc.); Fragen der Ästhetik, gar der Formästhetik spielen eine untergeordnete Rolle.

1. Stufe: *Film ist Kunstmittel oder Reproduktionsmittel.* Die ästhetischen und kulturpolitischen Probleme des Films wurden vor dem Ersten Weltkrieg (1907 bis 1914) sehr breit diskutiert, auch in der Kinobranche und ihrer Fachpresse. Die Befürworter des Kunstanspruchs an das Kino in der Kino-Fachpresse versprachen sich einen besseren Leumund für die heftig attackierten »Kintöppe« und »Schundfilms«; ihre bracheninternen Gegner befürchteten materielle Einbußen wegen zu hoher Produktionskosten und zu anspruchsvoller Filme. Die Kinodebatte der literarischen Intelligenz wurde in den Feuilletons von Tagespresse und Kulturzeitschriften ausgetragen: Man maß den Film an den Wortkünsten, verglich ihn mit Theaterdrama, Roman, Ballade, gar mit Lyrik. Das Standardargument der Kinogegner lautete: Weil dem Film das sinnstiftende Wort und deshalb Geist und Seele fehle, könne es sich bei ihm nicht um Kunst handeln. Die Befürworter der Filmkunst innerhalb der literarischen Intelligenz bezogen sich dagegen auf das Bild, das symbolhafter Wirkungen fähig sei. Sowohl Gegner als auch Befürworter erlagen jedoch dem generellen Fehlurteil dieser Jahre: Aus dem Fehlen des Wortes und der deshalb zentralen Rolle von Mimik und Gestik schloss man auf die Identität des Films mit der Bühnenpantomime. Die härtesten Gegner von Kino und Filmkunst fanden sich jedoch in den Reihen der ›kinoreformerischen‹ Pädagogen, Volksbildner und Juristen. In ihren Reihen entstand das Schimpfwort vom »Schundfilm«. Einer ihrer prominentesten Mitstreiter, der Tübinger Kunstprofessor Konrad Lange, sprach vom Kino als »Unkunst«: Es sei keine künstlerische Gestaltung der Natur, sondern eine rohe Reproduktion derselben, es sei nicht Kunst, sondern Wirklichkeit, fotografierte Wirklichkeit. Die meisten Kinoreformer hätten das Unterhaltungskino gern völlig abgeschafft. Aber nur einer entwarf ein Gegenmodell zur »herrschenden Geschäftslichtbildnerei«: Der Schriftsteller Hermann Häfker wollte den belehrenden Naturfilm zu einer Art Wagnerschem Gesamtkunstwerk ausbauen. Als Wesenskern der Filmkunst galt ihm die Wiedergabe der »Schönheit der natürlichen Bewegung« mit dokumentarischer Treue. Häfker begriff die Natur selbst als »fertige Dichtung«, der bisher nur das Handwerkszeug gefehlt habe, sie unverfälscht »nachzudrucken«.

2. Stufe: *Schauspielertheorie.* Mit *Der sichtbare Mensch* legte Balázs das Haupt- und Abschlusswerk der »Schauspielertheorie« des Films vor, als deren Anfangspunkt Herbert Tannenbaums Broschüre von 1912 *Kino und Theater* gelten darf. Für die Schauspielertheorie findet die Filmkunst noch *vor* der Kamera statt. Urban Gad, Regisseur vieler Asta-Nielsen-Filme, bezeichnete 1921 in seinem Buch *Der Film – seine Mittel, seine Ziele* Film als »photographische Wiedergabe einer Kunstdarstellung«. Walter Bloem d. J., ein Schüler Konrad Langes, sah in *Seele des Lichtspiels* von 1922 die künstlerische Bedeutung des Films einzig bei der Szene. Und Balázs schrieb 1924: »Urstoff, poetische Substanz des Films ist die sichtbare Gebärde.«

Der Einzige, der vor dem Ersten Weltkrieg eine umfassende Spielfilmästhetik vorlegte, war Herbert Tannenbaum – der Aristoteliker des Kinos: Er übertrug Aristoteles' Dramenbegriff auf die gestellte Kinoaufnahme; er betonte die Bedeutung der Einheit von Ort, Zeit und Handlung auch für den Film. Die spezifischen Formmittel des Films sah Tannenbaum in der Schauspielerei, der Ausstattung und der Regie. Der Behauptung seiner Zeitgenossen, Kino sei Körper ohne Psychologie, setzte er die Forderung entgegen, das Kino müsse »Innerlichkeiten durch Mimik und Geste natürlich und deutlich zu Geltung und Wirkung bringen«. Anders als seine Zeitgenossen unterschied er das Kino deutlich von der Pantomime: »Das Prinzip des Kinos ist die Handlung, die Tat.« Tannenbaums Filmtheorie erweist sich als »Vortheorie« im besten Balázs'schen Sinne: »Berechnung, Traum, Prophetie und Forderung einer großen Möglichkeit« (*Der Geist des Films*). Tannenbaums Theorie musste noch ohne ›wertstiftendes Meisterwerk‹ der Filmkunst auskommen.

Nach dem Weltkrieg waren es vor allem Bloem und Balázs, die die Schauspielertheorie des Films vorantrieben. Bloem prägte in seinem Buch *Seele des Lichtspiels* den Leitsatz, Kino sei »Gefühl durch Geste«. Gefühlskunst, Seelenkunst sei das Lichtspiel und stehe damit im Gegensatz zur Gedankenkunst der Bühne. Die Geste wiederum, das »Originalkunstwerk« der Szene vor der Kamera, müsse allerdings dem »Material des Lichtspiels« angepasst werden. Bloem kam zu dem Ergebnis,

»daß das künstlerische Problem des Lichtspiels sich in der Theorie so darstellt: es muß eine Kunstform geschaffen werden, auf die der Vervielfältigungsmechanismus keine künstlerische Schädigung mehr auszuüben vermag. [...] Also eine Kunstform, der die hemmenden Elemente, die sich beim technischen Vervielfältigungsprozeß einstellen, nicht mehr schaden können – weil sie bereits mit stilisierendem Kunstwollen im Original ausgeschaltet sind. Der Künstler steht vor der Aufgabe, Handlungen zu ersinnen, die auf mimische Weise: durch die Menschenkörper und ihre Bewegungen erfüllt werden können.«

Balázs' Titelgebung *Der sichtbare Mensch* war programmatisch: Darin ist vom »dichtenden Darsteller« die Rede und davon, dass Schauspieler und Regisseur die eigentlichen Dichter des Films seien. Balázs übernahm von Goethe und Lavater den Begriff der Physiognomik und übertrug ihn vom menschlichen Gesicht, vom Gesicht des Filmdarstellers, auf Milieu, Dinge, Tiere, Landschaft im Film. Dass im stummen Film Menschen, Dinge, Landschaft gleichberechtigte Bedeutungsträger sind, hatte vor Balázs schon Tannenbaum erkannt. Tannenbaum wusste auch: »Die Kinotechnik vermag dadurch, daß sie im Bilde Ausschnitte der Wirklichkeit in beliebiger Größe gibt und je nachdem es nötig ist, Menschen und Dinge beliebig herausgreift und vereinzelt zeigt, die Aufmerksamkeit des Zuschauers auf den Schauspieler zu lenken, so daß dieser mit seiner Person den szenischen Rahmen ausfüllt.« Balázs galt die Großaufnahme als »technische Bedingung der Kunst des Mienenspiels und mithin der höheren Filmkunst überhaupt«. Solange also die Großaufnahme als Mittel zur Steigerung von Mimik und Gestik gesehen wird, ist sie legitimer Bestandteil der Schauspielertheorie. Erst wenn sie als Teil eines Montagezusammenhangs interpretiert wird, ist sie der dritten Entwicklungsstufe formästhetischer Filmtheorie zugehörig.

Der Begriff »Schauspielertheorie«, den der Verfasser für diese formtheoretische Phase prägte (weil hier der Schwerpunkt der Filmkunst noch in der Inszenierung vor der Kamera und vor allem in Typus und Physiognomie, Mimik und Gestik der Schauspieler gesehen wurde), hat in der Literatur zu Missverständnissen geführt. Die Kritiker des Begriffs »Schauspielertheorie« verengen die Interpretation auf den Filmmimen, akzeptieren nicht, dass damit ein Verständnis von Filmkunst als »filmischer Reproduktion einer künstlerischen Szene« auf den Punkt gebracht werden soll.

3. Stufe: *Kameratheorie.* Der erste, der das völlig Neue von Großaufnahme und Filmschnitt erkannte, war der in den USA lehrende deutsche Psychologieprofessor Hugo Münsterberg mit seiner

1916 erschienenen psychologischen Studie *The Photoplay*: Der Film, das Lichtspiel, überwinde die Formen der äußeren Welt (Raum, Zeit, Kausalität) und passe sie den Formen der inneren Welt (Aufmerksamkeit, Erinnerung, Vorstellung, Gefühl) an. »Die Grundlage der Filmkunst ist die Montage«, begann Wsewolod Pudowkin 1928 die deutsche Ausgabe seines Buches *Filmregie und Filmmanuskript*. Die Montagetheorie des Stummfilms ist jedoch vor allem mit dem Namen Sergej M. Eisenstein verknüpft, dessen Film *Panzerkreuzer Potemkin* von 1926 mit seinem Erfolg eine Revolution der Filmästhetik einleitete und der als Filmtheoretiker im dialektischen Wechselspiel von filmischer Praxis und begleitender kritischer Reflexion arbeitete. Eisenstein grenzte seine Montageauffassung von der Pudowkins ab: Für diesen sei »die Montage das Mittel, den Gedanken durch aufgenommene Einzelstücke abzurollen, wie Bausteine zusammenzusetzen. Meiner Ansicht nach ist aber Montage nicht ein aus aufeinanderfolgenden Stücken zusammengesetzter Gedanke, sondern ein Gedanke, der im Zusammenprall zweier voneinander unabhängiger Stücke entsteht.« Eisenstein begriff mit seiner »Konflikt-Montage« die Einstellung als Montage-Zelle und nicht wie Pudowkin als Montage-Element. Die Hoffnung Eisensteins in den 20er Jahren galt dem intellektuellen Film, der »intellektuellen Montage«, von der er glaubte, sie könne dem Zuschauer abstrakte Gedanken und Begriffe vermitteln.

Balázs kritisierte in seinem zweiten filmtheoretischen Werk *Der Geist des Films* von 1930 die praktische Umsetzung der intellektuellen Montage als Hieroglyphenfilme und Bilderrätsel: »Die Bilder sollen aber nicht Gedanken bedeuten, sondern Gedanken gestalten und bewirken, Gedanken also, die in uns als Folgerungen entstehen und nicht als Symbole, als Ideogramme im Bild bereits formuliert sind.« Balázs war mit dem *Geist des Films* selbst zum Montageapologeten geworden, sprach von der »dichtenden Schere« und von der »produktiven Kamera«: »Im Film genügt auch die bedeutungsvollste Einstellung nicht, um dem Bild seine ganze Bedeutung zu geben. Diese wird letzten Endes von der Position des Bildes zwischen den anderen Bildern entschieden.« Schon Balázs hatte, über die Montage hinaus, eingehend die Möglichkeiten der Kamera-Einstellung und der Montage ohne Schnitt erörtert. Doch erst Rudolf Arnheim gab 1932 in seinem Buch *Film als Kunst* einen systematischen Überblick über die »Kunstmittel der Kamera und des Bildstreifens«. Arnheim begriff die Mängel in der Wirklichkeitsabbildung des Films als dessen künstlerische Vorzüge, als konstitutiv für seine gestalterischen Mittel. Mit Vorbedacht beschränkte Arnheim – auch nach Einführung des Tonfilms – die Geltung seiner »Materialtheorie« auf den schwarzweißen Stummfilm. Denn er war der Überzeugung, dass der Film, je vollständiger er den Wirklichkeitseindruck wiedergebe, um so weniger mit Kunst zu tun habe.

4. Stufe – *Entwickelte Formtheorie.* Die formästhetischen Möglichkeiten des Tonfilms selbst, des Tons im Film, waren bereits von Balázs in *Der Geist des Films* und von Arnheim in *Film als Kunst* erörtert worden. Vor allem Arnheim tat sich dabei als entschiedener Gegner des Tonfilms hervor. Er wandte sich besonders gegen den Sprechfilm, den reinen Dialogfilm. Das tonfilmische Kunstprinzip sah er vielmehr in der über den bloßen Parallelismus zum Bild hinausgehenden »Kontrapunktik«. Den dogmatischen Asynchronismus, wie ihn schon 1928 Eisenstein, Pudowkin und Aleksandrov in ihrem *Tonfilm-Manifest* vertreten hatten, lehnte Arnheim jedoch ab. Balázs hingegen beklagte zwar auch das Verschwinden der Stummfilmkunst, begrüßte aber den Tonfilm: »Die technische Möglichkeit ist die wirksamste Inspiration.« Wie der Stummfilm das Gesicht der Dinge, das Mienenspiel der Natur, die Mikrodramatik der Physiognomien und die Massengebärden entdeckt habe, werde der Tonfilm »unsere akustische Umwelt entdecken«. Die gestalterischen Chancen und Aufgaben von Sprache und Ton im Film hat am klarsten Siegfried Kracauer in einem Kapitel seiner *Theorie des Films* von 1964 dargestellt.

Als Autoren von Entwürfen zur Entwickelten Formtheorie sind vor allem Gunter Groll mit seiner Dissertation von 1938 *Film – die unentdeckte Kunst* und wiederum Balázs mit seinem vierten Filmtheoriebuch *Der Film* zu nennen. Groll integrierte bereits ohne Scheu den Ton ins künstlerische Material des Films: Der Tonfilm habe die Bildkunst nicht zerstört, sondern reicher und vollkommener gemacht und auch der Farbenfilm werde sie nur vervollkommnen. »Film ist Bild. Tonfilm ist durch den Ton gesteigertes Bild.« Wie das Beispiel Groll allerdings zeigt, führt die Akzeptanz des Tons im Film folgerichtig zur Realismustheorie: Groll sah den Film »schon durch seine Technik dem Leben und der Gegenwart nahe«, er werde daher stets realistische Züge tragen; Film bedeute eine neue Form von »magischem« Realismus.

Als Hauptwerk der Entwickelten Formtheorie darf noch immer Balázs' *Filmkultúra* (1948) gelten, dessen erste deutsche Übersetzung 1949 unter dem Titel *Der Film. Werden und Wesen einer neuen Kunst* in Wien erschien. Balázs gab mit dem Anspruch einer »regulären kunsthistorisch-theoretischen Arbeit« eine paraphrasierende, eher additive Zusammenfassung seiner vorhergehenden filmtheoretischen Werke: *Der sichtbare Mensch*, *Der Geist des Films* und des dritten, während der Moskauer Emigrationsjahre geschriebenen und 1945 in russischer Sprache erschienenen mit dem Titel *Iskusstwo Kino* (*Filmkunst*). Auch das vierte Buch, *Der Film*, ist von den Jahren in Moskau und den Nachkriegsrealitäten in Budapest beeinflusst: So haben sich Bewertungen im Sinne des »sozialistischen Realismus« verschoben. Zum Beispiel lehnte Balázs nun den Experimentalfilm ab, der Formalismus und absolute Subjektivismus dieser Filme als ideologische Flucht vor der Wirklichkeit sei charakteristisch für solche »dekadenten Künste«; zudem brachte er aus der Zeit nach 1933 praktisch nur noch sowjetische Beispielfilme. Es gelang Balázs nicht annähernd, eine der Analyse von Typus und Physiognomie, Mimik und Gestik des Stummfilms vergleichbare Theorie der Filmschauspielerei im Tonfilm zu entwerfen. Allenfalls stellte er Stummfilmmimik und Tonfilmmimik einander gegenüber, etwa in Bezug auf die jeweilige Mimik der Sprache.

Der sichtbare Mensch steht am Ende der ersten beiden Phasen der filmtheoriegeschichtlichen Entwicklung. Natürlich hatte das Buch Vorläufer, vielleicht sogar Vorbilder. Trotz einer Reihe von Übereinstimmungen ist es allerdings nicht erwiesen, dass Balázs beispielsweise Herbert Tannenbaums Schrift *Kino und Theater* gekannt hat. Vergleicht man jedoch *Der sichtbare Mensch* mit der Filmkritik und Filmtheorie vor dem Ersten Weltkrieg, so ergeben sich erstaunlich viele Vorwegnahmen.

Für den Film werde innerhalb der Ästhetik eine besondere Abteilung eingerichtet werden müssen, forderte Will Scheller 1914 in der konstruktiven Kinoreformer-Zeitschrift *Bild und Film*, doch auch zehn Jahre später begann Balázs' *Der sichtbare Mensch* noch mit der Bitte um Einlass für die neue Kunst in die hohe Akademie der Ästhetik und Kunstwissenschaft. Wie Malwine Rennert, die erste deutsche Filmkritikerin, bezeichnete Balázs den Film als Volkskunst, wie die Kinoreformer erklärte er die theoretische Beschäftigung damit zu einer Angelegenheit der »Volksgesundheit«. Balázs' zentraler Gedanke der Heraufkunft einer neuen visuellen Kultur, die die Buchkultur abzulösen imstande sei, deutete sich bereits bei Hanns Heinz Ewers und Egon Friedell an: Ewers hatte schon 1907 den Kintopp der Gutenbergischen Erfindung an die Seite gestellt, desgleichen taten der Kinoreformer Hermann Häfker 1908 und der Filmdramaturg Heinrich Lautensack 1913. Friedell schrieb 1912 ausgerechnet in den *Blättern des Deutschen Theaters*: »Der menschliche Blick, die menschliche Gebärde, die ganze Körperhaltung eines Menschen vermag heutzutage bisweilen schon mehr zu sagen als die menschliche Sprache.« Helene Lange begrüßte 1912, dass das abstrakte Wort nun von der Anschauung ergänzt werden könne: »Soll man nicht die Hoffnung daran knüpfen, daß wir von Buchstabenmenschen wieder mehr Augenmenschen werden?« Und Friedrich Freksa wusste von einem naiven Augenhunger des Volkes »von solcher Mächtigkeit und Bedürfniskraft, wie ihn wohl selten eine Zeit erlebte«.

»Was dem Dichter sonst das Wort, ist dem Kinodichter immer der Schauspieler«, so der Kritiker der *Berliner Volkszeitung* 1913 angesichts des ersten »Autorenfilms« *Der Andere*. Die eigentlichen Dichter des Films, heißt es bei Balázs, seien Regisseur und Schauspieler, sein einziger Inhalt sei das Gebärdenspiel: »Urstoff, die poetische Substanz des Films ist die sichtbare Gebärde.« Feinheit und Kraft der Bildwirkung und der Gebärde machten die Kunst des Films aus, der darum nichts mit der Literatur zu schaffen habe. Soweit Balázs 1924. Malwine Rennert galten 1913 als Voraussetzung für ein künstlerisches Kinodrama »ausgezeichnete Schauspieler, die das Höchste bieten, was ihrer Kunst gegeben ist, und ein Regisseur, in dem etwas vom Dichter und Maler steckt«. Das Kino stelle nur Handlung, Effekte, Sichtbares dar, konnte man ebenfalls 1913 in der *Quo vadis?*-Kritik von Kurt Pinthus lesen. Für Alexander Elster in *Bild und Film* 1914 bestanden die Ausdrucksmittel des Films vor allem aus Bildern und Gebärden. Galt Tannenbaum im Büchlein *Kino und Theater* von 1912 streng aristotelisch noch die Handlung als der wesentliche Aspekt des Kinodramas, so ergänzte er diese in einem *Bild und Film*-Aufsatz von 1913 um »die Mimik der agierenden Personen und die rein optische Erscheinung des Bildes auf der Leinwand, die szenische Anordnung also, in der sich Handlung und Mimik abspielen«. Joseph August Lux – ebenfalls in *Bild und Film* – sah das Filmdrama gar als Vorwand, damit sich die darstellerische Person in all ihren Facetten zeigen könne. Die Forderung Balázs', die Psychologie müsse in der sinnfälligen Erscheinung restlos an der Oberfläche liegen, fand sich im Ansatz in der Kritik der Berliner *Nationalzeitung* zu *Der Andere*. Bassermann sei imstande gewesen, bloß durch die Sprache der Zeichen und ohne das klingende Wort verwickelte Seelenvorgänge anschaulich-fühlbar werden zu lassen.

Vor allem was Tannenbaum 1912 über den Kinoschauspieler schrieb, kann nur als großartige Vorwegnahme einiger der wesentlichen Erkenntnisse von Balázs 1924 gewertet werden. Hier gelte ein ganz neuer Stil der Schauspielkunst, wesentlich verschieden von dem der Schaubühne. Einziges Instrument, einziges Ausdrucksmittel des Kinoschauspielers sei sein Körper, sei »die Körperlichkeit in der prägnantesten Art rein als Gegenstand der Optik ohne jede akustische Funktion. [...]; er muß mittels einer gerade nach der entsprechenden Seite hin ausgeprägten Begabung imstande sein, alle Regungen der Seele, alle Affekte durch seine Körperlichkeit zum Ausdruck zu bringen.« Durch »bewußte, suggestive Körperkunst« müsse er die feinen und feinsten Reflexe, die die Seele und ihre Stimmungen in Miene und Geste hervorrufen, dartun, widersprach Tannenbaum der Mehrzahl der Vorkriegstheoretiker, die eine Darstellung seelischer Regungen – als der wesentlichen Aufgabe des Bühnendramas – im Kino für unmöglich hielt. Der Literatenbehauptung, die sich zusammenfassen lässt, Kino sei ›Körper ohne Psychologie‹, setzte Tannenbaum gewissermaßen die These ›Psychologie durch Körper‹ entgegen: das Erfordernis, »Innerlichkeiten durch Mimik und Geste natürlich und deutlich zu Geltung und Wirkung zu bringen«. Anders als auf der Schaubühne träten im scharfen, konzentrierten Kinobild auch noch die leisesten Anzeichen deutlich in Erscheinung, »durch die sich die subtilen Regungen der Seele in Antlitz und Bewegung kundgeben«. Vor allem diese Passagen begründen die Zuordnung von Tannenbaums *Kino und Theater* als erstem Ansatz der »Schauspielertheorie« des Films, wie sie an früherer Stelle hier definiert wurde: »Und wenn es wahr ist, daß die Schauspielkunst in der Verlautlichung lediglich reproduzierend, in der Verkörperung selbstschöpferisch ist, dann ist der Schauspieler des Kinos ganz anders ein produktiver Künstler, als der des Theaters.«

Balázs' weitere Forderung nach visueller Kontinuität, danach, dass der Film »aus dem ungemischten Material der reinen Visualität herausgearbeitet sein« müsse, womit er sich gegen allzu häufige und gedankenlose Verwendung von Zwischentiteln wandte, wurde in der Vorkriegszeit schon sehr oft vertreten, beispielsweise von Kurt Pinthus, Felix Salten und dem Schriftsteller und *Bild und Film*-Autor Fritz Müller, der verlangte: »Briefe müssen auf der Stirne stehen.« Wenn Balázs auf die Bedeutung der sichtbaren Dinge hinweist, in der gemeinsamen Stummheit würden sie mit dem Menschen fast homogen, so erscheint das schon beinahe wie ein Plagiat Herbert Tannenbaums, der schrieb, die Schattenhaftigkeit ihres Wesens setze die Menschen des Kinos in eine völlige Einheitlichkeit zu allen Dingen der Erscheinungswelt.

Die Bemerkungen Balázs' über die Wesensverschiedenheit von Film und Literatur bzw. Film und Theater bringen nichts wesentlich Neues im Vergleich zur Vorkriegstheorie und -kritik, denn gerade die Abgrenzung des Films von den Wortkünsten war deren Hauptthema. Beklagte Balázs, von den duftigsten Wortschönheiten bleibe auf der Leinwand nur ein nacktes Skelett zurück, so schrieb schon Carl Schumacher in *Bild und Film*, man müsse jene Worte von der Darstellung im Kinodrama ausschalten, »die gewissermaßen Reflexe der dramatischen Handlung enthalten, lyrische Betrachtungen, Stimmungen, welche sich um das Gerippe der straffen Tatsachenentwicklung herumlegen, sie ausspinnen, mit Farbe erfüllen«. Setzte Balázs fort, jenes Skelett müsse ein neues, ganz anderes Fleisch, eine andere Epidermis bekommen, um eine im Film sichtbare lebendige Gestalt zu erhalten, so erinnert das an Felix Salten, der in seiner *Quo vadis?*-Kritik 1913 die Filmdramaturgen aufgefordert hatte, Romanvorlagen aus der Verständlichkeit des Wortes in die Verständlichkeit des Bildes zu übersetzen, eine in geschriebenen Worten erzählte Handlung rückzuverwandeln in lebendige Geschehnisse und damit aus der Essenz eines vorhandenen Werkes ein anderes Werk mit eigener, neuer Selbständigkeit zu erschaffen. Dass die Gebärdensprache des Films prinzipiell verschieden von der Gebärdensprache des Theaters sei, wie Balázs schrieb, das wussten beispielsweise schon Alexander Elster, Joseph August Lux und der deutsche Schriftsteller Karl Bleibtreu, der in der Schweiz lebte und für die dortige Schriftstellerverbands-Zeitschrift 1913-14 regelmäßig die vielen Filme, die er sich als Freizeitvergnügen ohnehin ansah, kurz kommentierte. Zwar identifizierten die meisten Vorkriegsautoren das Kinodrama mit der Pantomime und verurteilten deshalb Sprechbewegungen im stummen Film, doch schied bereits Tannenbaum 1912, wie später Balázs, eindeutig die Pantomime vom Kino, erkannte er sogar wie jener das Sprechen, die Bewegungen des Mundes als mimisches Ausdrucksmittel. Für Tannenbaum entsprach die Körpersprache des Kinoschauspielers in ihrer grundsätzlichen stilistischen Wesensart der des sprechenden Menschen. Die Kinokunst trete als »isolierte Ausdruckskunst« zwischen Theater und Pantomime: »Die Pantomime ist rhythmischer, gebändigter Tanz, und ihr Grundprinzip ist ornamentale, stilisierte Bewegung. Das Prinzip des Kinos ist die Handlung, die Tat.«

Weil im stummen Film das Aussehen den Charakter bestimme, so Balázs, habe der Filmregisseur nicht einen »Darsteller«, sondern den Typus, den Charakter selbst auszusuchen. Alexander Elster hatte das zehn Jahre zuvor, in seiner *Bild und Film*-Kritik zu *Die Insel der Seligen*, ganz ähnlich formuliert: »Man kann und soll hier die Darsteller so auswählen, daß sie auch so aussehen wie das, was sie darstellen sollen, auch äußerlich eine Verkörperung des Gedankens sind.« In einem Beitrag für den *Kinematograph* vom Dezember 1910 führte Leopold (»Poldi«) Schmidl einen Begriff in die Filmtheorie ein, den Balázs zum wesentlichen Bestandteil seines ersten filmtheoretischen Werkes machen sollte: den Begriff der Physiognomie. Angeregt durch einen neu erschienenen Band über Gebärdensprache, resümierte Schmidl die Anstrengungen der Physiognomiker (Lavater, Michaelis, Piderit, Darwin, Michel) zur Erfassung der Bewegungen des menschlichen Körpers, die zu der Erkenntnis geführt hätten, »daß speziell die Gangarten nur kinematographisch wiederzugeben wären«. In Bezug auf die Versinnbildlichung der Sprache des Körpers – und sei es der unnatürlichen des Bühnendarstellers – könne nur das Lichtbild Rat schaffen. Vom Kinematographen werde eine »Ausgestaltung der heute so freudig begrüßten Renaissance der Pantomime und ihres wichtigsten und schönsten Ausdrucksmittels, der *Mimik*«, erwartet. Wohl könne die Tendenz der Filmhandlung im Titel angedeutet werden, ansonsten hänge aber alles Verständnis der Handlung von der »Wahrheit und Deutlichkeit der Gebärdensprache als der Sprache des Körpers« ab. Die Gebärdensprache sei international, aber am wenigsten würde der Deutsche sie pflegen und ihre Äußerungen einer bewussten Kritik unterwerfen. Es darf nicht verwundern, daß Schmidl seine Ankündigung, ein anderes Mal zu verraten, »was der Kinematograph dem Menschenbeobachter erzählt, der aus Haltung, Gang, Bewegung des Menschen seine untrüglichsten Schlüsse auf den Charakter« zieht, nicht erfüllte. Solche produktive Einbindung der Physiognomik in die Stummfilmästhetik konnte erst Balázs gelingen. Durch das Lichtbild sei gleichsam der Mensch noch einmal entdeckt worden, nahm Baeumler 1912 in seinem Aufsatz *Die Wirkungen der Lichtbildbühne* im Münchner *März* die Ausgangsidee von *Der sichtbare Mensch* vorweg – der Mensch als Darsteller, Ausdruckskünstler, Schauspieler:

»Die Bühne des Films ist intim. Alle die feinen Verschiebungen der Züge des Gesichts, die sonst nur den Inhabern der Proszeniumslogen und der ersten Reihen des Parketts sichtbar wurden, die ausdrucksvollen Gesten, die leisen Bewegungen der Hand und der Lippen werden scharf und klar anschaulich. Eine Welt des Ausdrucks tut sich auf. Die zahllosen Möglichkeiten der Seele, sich zu geben, zu verraten, in einem Zucken oder Zittern sichtbar zu werden, sie werden vom Film zur Wirkung aufgerufen. Eine neue Kultur der Physiognomik und des mimischen Spiels bildet sich heraus.«

Auch Malwine Rennert und Fritz Müller erwähnten (1912/13 in *Bild und Film*) den Begriff Physiognomie im Zusammenhang mit dem Filmdarsteller, doch machte erst Balázs den Physiognomiebegriff zur zentralen Kategorie der Schauspielertheorie des Films, bezog er sich auf die Physiognomiker Lavater und Goethe und erweiterte den Begriff auf die Physiognomie der Dinge, ja die Physiognomie der Landschaft. »Beim Film wirkt die Schönheit der Gesichtszüge als physiognomischer Ausdruck.« Balázs zitierte Kant, die Schönheit sei das Symbol des Guten; dies verwirkliche sich im Film. Joseph August Lux hatte Ende 1914 in *Bild und Film* über Henny Porten geschrieben, sie verkörpere die Vereinigung von Schönheit und Tugend, in der schönen Form die schöne Seele, sie zeichne »den Typus Frau im guten modernen und verfeinerten Sinne«.

Für Balázs war das Mienenspiel im Film Lyrik, weil es Empfindungen ausdrücke, eine Epik der Empfindungen, die den Prozess der seelischen Entwicklung wiedergebe. Das sahen schon die Theaterkritiker in der Pressevorstellung von *Der Andere* 1913, denn sie berichteten, Bassermanns Antlitz sei der Spiegel der Seele gewesen, die ganze Skala vielhundertfältiger Empfindung habe aus seinen Blicken gesprochen. Besonders Bassermanns mimische Verwandlung »vom Lebemannskopf in eine Verbrecherphysiognomie« war seinerzeit sehr gelobt und bestaunt worden. Nach Franz Servaes im Berliner *Tag* »überzeugte Bassermann ganz besonders durch die Knappheit und Präzision seiner Gebärden. Daneben durch eine ins Feinste abgestufte Gesichtsmimik, die in kaum einer Minute den Übergang von einem aristokratischen Geistes- und Nervenmenschen zu einem vertierten und dumpfen Verbrechertypus in durchlebtem Übergleiten vollzog.« Balázs sollte dergleichen später das »Wunder der polyphonen Physiognomie« nennen. Was Balázs bei Jannings, Pola Negri, Lillian Gish und besonders bei Asta Nielsen so begeisterte, hatte schon Malwine Rennert in ihrer Kritik zu *Les Misérables* beschrieben: »Geradezu unerklärlich in ihren Ausdrucksmitteln die furchtbare Realistik der Todesszene Fantines; ebenso unerklärlich die plötzliche Veränderung, die im Gesichte des verhärteten Verbrechers Thènardiers vorgeht, als er sich von seinem Wohltäter Jean Valjean abwendet – kein Muskel zuckt, und doch nimmt das Gesicht einen satanischen Ausdruck an.« In seinem Asta-Nielsen-Porträt für die Zeitschrift *Kunst im Kino* gab Walter Turszinsky 1913 ein Beispiel für die »bewundernswerte, stufenreiche Beredsamkeit ihrer Mimik«: »Und nun kommt bevor sie zur Tat übergeht [...], jener Moment, er dauert kaum länger als dreißig Filmsekunden, in welchen sich das Überrumpeltsein, die Bestürzung Asta Nielsens zur Entschlossenheit verdichten; in welchem unter dieser alabasterweißen Stirnhaut, hinter diesen zitternden Augen plötzlich ein ganzes Netz von sich blitzschnell miteinander verwebenden Entschlüssen sichtbar wird: in welchem man im Spiegel dieser blassen Züge die Erregungen tatsächlich einzeln steigen und fallen, sich heben und sich senken sieht.« Und Kurt Ullmann hob in seiner Broschüre von 1913 *Wege zu einer Filmkunst* hervor: »In der Fähigkeit des Ausdruckswechsels und Übergangs, vor allem aber in der Art, aufeinanderfolgende Ausdrucksbewegungen einander gegenüberzustellen, die eine der anderen gegenüber mehr oder weniger zu akzentuieren, liegt der Brennpunkt filmmäßiger Wirkung.«

Die überragende Bedeutung von Physiognomie und Mienenspiel für das Kino ergab sich für Balázs allerdings erst durch dessen Möglichkeit, sie nahe zu zeigen: »Die Großaufnahme ist die technische Bedingung der Kunst des Mienenspiels und mithin der höheren Filmkunst überhaupt.« Hier ist es von entscheidender Bedeutung für die Charakterisierung von Balázs' erstem Theoriebuch als Schauspielertheorie, dass das Kameramittel der Großaufnahme den Mitteln des Schauspielers klar untergeordnet wird. Angesichts von Großaufnahmen bekundete die Vorkriegstheorie und -kritik meist völliges Unverständnis – mit wenigen Ausnahmen. So schrieb Franz Servaes im Berliner *Tag* über *Der Andere*: »Im Bild erscheint, riesengroß, bloß noch der Kopf und beichtet sein geheimstes Leben.« Mehr als je ein Theater vermöge das Kino die Aufmerksamkeit auf das einzig Wichtige zu konzentrieren. Schon Servaes hätte dies bei Tannenbaum nachlesen können, in dessen Broschüre *Kino und Theater* von 1912: »Die Kinotechnik vermag dadurch, daß sie im Bilde Ausschnitte der Wirklichkeit in beliebiger Größe gibt und, je nachdem es nötig ist, Menschen und Dinge beliebig herausgreift und vereinzelt zeigt, die Aufmerksamkeit des Zuschauers auf den Schauspieler zu lenken, so daß dieser mit seiner Person den szenischen Rahmen ausfüllt.« Zu den wenigen, die die Großaufnahme positiv bewerteten, gehörte Georg Fuhrmann, der in der *Lichtbild-Bühne* im September 1913 einige »bemerkenswerte Eigentümlichkeiten der Filmdarstellung« beschrieb. Die landschaftlichen Schönheiten und den »unbeschränkten« Szenenwechsel – »daß wir an drei Orten der verzwickten Handlung fast zu gleicher Zeit sein können« – hatten auch viele andere beschrieben. Fuhrmann dagegen sah nicht nur die »unerhörte Vergrößerung der Hände«, durch die die Handbewegung, mit der ein Ring gestohlen werde, ganz deutlich zu sehen sei; er erkannte auch ihre spezifische Bedeutung für die Schauspielertheorie des Films: »Die beliebig mögliche Vergrößerung des Bildes gestattet die subtile Nahebringung der seelischen Vorgänge, soweit sie durch die Gesichtszüge der Darsteller ausgedrückt werden können. Wenn die Asta Nielsen, die darin groß ist, uns die unendlich reiche Skala ihrer Empfindungen darzulegen hat, (z. B. während sie einen Brief schreibt oder liest) wird das Bild ihres Antlitzes vielfach vergrößert vorgeführt, damit uns nichts in diesem unglaublich beweglichen und ausdrucksvollen Gesicht entgeht. Der Dichter, der diese Empfindungen in Worte fassen wollte, würde lange Tiraden vom Stapel lassen müssen, deren Rezitation viele Unmöglichkeiten (Monologe, Selbstgespräche ›abseits‹ usw.) nötig machten.«

Die Vorkriegs-Filmpublizistik nahm Balázs in weiteren Punkten vorweg: in der Frage der Verwendung von Massenszenen und von Naturhintergründen sowie in Bezug auf die Mitwirkung von Kindern und Tieren im Film. Mit den Massenszenen leiste der Film, was dem Theater versagt sei, schrieb beispielsweise Rennert. Wie Balázs plädierte Karl Bleibtreu dafür, größere Massen ahnen zu lassen. Was Balázs »Massengebärde« nannte, hieß bei Schumacher »Gruppengeste«: Die Schönheit der Gruppierung setze sich aus einer Reihe schöner Einzelgesten zusammen. Balázs forderte dasselbe: Die Menge müsse in ihren Gruppierungen und Bewegungen bis ins Kleinste durchkomponiert sein. Ebenso wie die Verwendung von Massen war für die frühen Kritiker die Verwendung von Naturhintergründen eine vielbewunderte Möglichkeit des Films, die dieser dem Theater voraus habe. Was Ernst Lorenzen in *Bild und Film* über den reinen Naturfilm gesagt hatte, dass Wahrheit noch nicht Schönheit sein müsse, übertrug Balázs gewissermaßen auf den Spielfilm, als er feststellte, man lasse die Originalnatur nicht mehr zu Worte kommen, denn auch die Landschaft im Film müsse Physiognomie haben. Es sei Sache der stilisierenden Kunst, diese Physiognomie aus dem Vexierbild der Natur herauszufinden. Auch diese Erkenntnis Balázs' lässt sich bereits zwölf Jahre zuvor bei Herbert Tannenbaum nachlesen: »Man wird auch dazu kommen, die Naturrealitäten danach zu durchforschen und zu gebrauchen, wie sie in ihrer Wesenheit den Grundcharakter und die Stimmung der dramatischen Handlung, der sie den Rahmen geben sollen, am entsprechendsten ausdrücken.«

Den besonderen Reiz der Mitwirkung von Tieren und besonders Kindern im Kino hatte schon Karl Bleibtreu empfunden. Nach Balázs bestand er darin, »daß sie nicht spielen, sondern leben«, belauschte Natur seien. Tiere wirkten im Film deshalb so richtig und überzeugend, so Joseph August Lux in *Bild und Film*, weil ihr Instinktleben niemals auch nur um eines Haares Breite von dem abweichen könne, was ihnen natürlich sei. Felix Salten im *Pester Lloyd* erklärte die Löwen und Tiger in *Quo vadis?* gar zum Vorbild für die Schauspielerei im Film, denn sie wirkten »herrlich in der unbelauschten Echtheit, in der spontanen Anmut ihrer Bewegungen, in der überzeugenden Lebendigkeit, die ihre freien, unerwarteten Gebärden besitzen«. Häufig propagierten die frühen Filmkritiker: das Filmdrama verlange Natürlichkeit, Ausschnitte aus dem Leben, aus der Natur. »Kinostil: das ist Natürlichkeit«, wusste Joseph August Lux, die Lösung des Kinokunstproblems liege in der »Zusammenfassung von scharf und klar beobachteten Lebensausschnitten, besser gesagt: Lebensvorgängen«. Und Walter Thielemann bestätigte 1913 im *Kinematograph*, das ganze wirkliche, bewegte und lebendige Leben könne nur allein das Kino bieten: »Das Kinodrama soll lebenswahr sein, es muß uns die Bewegungen der handelnden Personen so vor Augen führen, daß wir glauben, ein Stück Leben spielt sich auf der Leinwand vor unseren Augen ab.« Solche Lebenswahrheit sei sowohl in der äußeren Aufmachung als auch im Spiel der Schauspieler zu suchen. Zu letzterem hob Thielemann die Leistung Asta Nielsens hervor, die »Gestalten von tiefster Lebenswahrheit, voll unerreichter Vertiefung in jedem Zug, klar und menschlich« gebe.

Dies führt unmittelbar zu einer weiteren Übereinstimmung zwischen Balázs von 1924 und der Filmkritik und Filmtheorie vor dem Ersten Weltkrieg: der grenzenlosen Begeisterung für die mimische Kunst Asta Nielsens.

Schon zu Asta Nielsens Erstlingsfilm hatte Gustav Melcher 1911 im *Kinematograph* hoffnungsvoll geäußert: »Filmdramen wie die *Abgründe* lassen doch unzweifelhaft erkennen, daß diese Kunstform dem dramatischen Genie außerordentlich zusagen muß.« Willy Bezkocka übernahm gar (an gleicher Stelle und im selben Jahr) den Werbeslogan von der »Duse des Films«: »Asta Nielsen hat meines Erachtens das Kino-Drama, das doch – es muß unumwunden zugegeben werden – gar sehr im Argen lag, auf eine achtenswerte Höhe gebracht.« Man meint gar, eine Balázs-Kritik aus dem Jahre 1923 zu lesen, wenn Paul Elsner in *Reclams Universum Weltrundschau* über Asta Nielsens Darstellung in *Der schwarze Traum* (1911) schreibt: »Man sieht stückweise ihr Herz brechen bei dem fürchterlichen Seelenkampfe des liebenden Weibes, das sich selbst verkauft, um den Geliebten zu retten.« In der Körperkunst Asta Nielsens zeige sich das wahre Wesen der spezifisch kinematographischen Mimik, so Herbert Tannenbaum. Einfachheit und Natürlichkeit seien das Wesen ihrer elementaren Darstellungskraft, so Joseph August Lux. Die Nielsen sei in jeder Faser das Leben selbst, die Natur, jeder Zug sei unverfälschte Wahrheit, so Karl Bleibtreu. Ihre Augen und Lippen sprächen eine Sprache, die nirgends die Worte vermissen ließe, so Alexander Elster. Selbst Kinoreformer, wie Willi Warstat im *Grenzboten* von 1914, waren zwar mit dem Inhalt und der Art ihrer Stücke nicht einverstanden:

»Dennoch hat diese Frau mit einem untrüglichen Instinkt das eine einzige Stilmittel erkannt, auf dem eine Kunst im Kino aufgebaut werden kann, die pointierte, gleichzeitig aber völlig beherrschte Bewegung, die gleich weit entfernt von Ausdruckslosigkeit einerseits, von Planlosigkeit und Übertreibung anderseits ist. Hier wird die zukünftige Kinokunst einsetzen müssen, wenn sie etwas Wertvolles schaffen will. Auf der pointierten und konzentrierten Bewegung muß das Kinodrama aufgebaut sein, aus ihrer Kultivierung durch den Schauspieler kann allein einmal eine Kinokunst erwachsen.«

Balázs widmete Asta Nielsens Porträt in *Der sichtbare Mensch* ein eigenes, das Abschluss-Kapitel, in dem er die Variabilität ihrer Gebärden, ihren Reichtum an mimischen Ausdrücken als betäubend bezeichnete und ein Gebärdenlexikon vorschlug, um ihren Gebärdenschatz zu ermessen. Damit schlug er den Bogen zum Beginn seines Buches, an dem er der alten »Kultur der Worte« die »neue Gebärdensprache« entgegengestellt hatte und der Hoffnung Ausdruck gab: »Noch einige Jahre guter Filmkunst und die Gelehrten werden vielleicht daraufkommen, daß man mit Hilfe des Kinematographen das Lexikon der Gebärden und der Mienen zusammenstellen müßte wie das Lexikon der Worte. Das Publikum wartet aber nicht auf diese neue Grammatik künftiger Akademien, sondern geht ins Kino und lernt von selbst.« Bereits im Februar 1914 galt es für Margit Vészi im *Pester Lloyd* bereits als unumstößliche Tatsache, »daß das Kino eine eigene Bewegungssprache, ein Schablonenwörterbuch des Mienen- und Gebärdenausdruckes besitzt, deren Sprachlehre der ältere Kinobesucher unwillkürlich – aber sicher – erlernt«. Sein Asta-Nielsen-Kapitel schloss Balázs: »Senkt die Fahnen vor ihr, denn sie ist unvergleichlich und unerreicht.« Auch das hatte Joseph August Lux zehn Jahre zuvor schon ähnlich poetisch formuliert: »Asta Nielsens Kunst ist einsam wie der Stern über unserm Horizont, wenngleich von Millionen gegrüßt.«

Es mag nun der Eindruck entstanden sein, Balázs habe in *Der sichtbare Mensch* bloß zusammengetragen, was andere vor ihm dachten und schrieben. Es mögen gar Zweifel aufgekommen sein an der Originalität und Bedeutung des Filmtheoretikers. Das wäre jedoch völlig falsch. Es geht dem Verfasser in diesem Nachwort darum, historische Kontinuität da aufzuzeigen, wo in der Sekundärliteratur immer wieder ein singuläres Geniestück behauptet wurde. Im Klartext: Bisher sahen viele *Der sichtbare Mensch* als eine der ersten Filmtheorien, wenn nicht gar die allererste. Diese Annahme gerade der älteren Filmtheorie-Geschichtsschreibung galt es eindeutig zu widerlegen. Deshalb musste der Vergleich von Balázs' erstem Theoriebuch mit der frühen Kritik und Theorie vor allem Zusammenhänge herausarbeiten, Trennendes weitgehend beiseite lassen. Doch was die Vorkriegstheorie ahnungsvoll anriss, konnte erst Balázs eingehend und mit beeindruckenden Filmbeispielen belegen: Erst Balázs vermochte – nachdem er die filmkünstlerisch bedeutungsvollen Jahre 1920 bis 1923 als Praktiker und Kritiker begleitet hatte – eine umfassende, schlüssige und geschlossene, materialreich abgesicherte ästhetische Theorie des Stummfilms der Prä-Eisenstein-Ära zu liefern.

Die zeitgenössische Rezeption von Balázs' erstem Filmbuch ist bisher weitgehend unerforscht geblieben. Hier eine kurze Zusammenfassung des bisher Bekanntgewordenen. Für die Zeitgenossen war *Der sichtbare Mensch* schlicht eine Offenbarung. Aus Anlass der Neuauflage vom Oktober 1926 erinnerte sich Andor Kraszna-Krausz, »daß das ursprüngliche Erscheinen des Balázs'schen Bandes von Tromsö bis Gibraltar einen internationalen Presseerfolg hatte, der nicht nur an ästhetisch-philosophischen Versuchen, sondern auch an populär-belletristischen Gebieten gemessen eine auffallende Seltenheit ist«. Gersch erwähnt eine Verlagsannonce zur 26er Ausgabe, in der Kulturgrößen der Weimarer Republik mit überschwänglichen Aussagen zitiert werden, so Alfred Polgar: »[…] exakter Evangelist der neuen Kunst«, Leopold Jessner: »[…] eine fast wissenschaftliche Systematik«, und Karl Grune: »[…] der überraschende Anfang einer universellen Dramaturgie des Films«. Willy Haas, damals Redakteur und Filmkritiker des Berliner Fachblattes *Filmkurier*, beklagte im Februar 1925 das Ende der anspruchsvollen Filmkritik im Wiener *Tag*: »An ihr und durch sie hatte sich Balázs von schüchternen

Anfängen zum zweifellos bedeutendsten Filmkritiker deutscher Zunge außerhalb Berlins emporgearbeitet. Und mit ihm waren auch seine Mitarbeiter, war die ganze Rubrik qualitativ gewachsen: sie war eine Quelle der Belehrung und der geistreichen Anregung für jeden Fachschriftsteller geworden. Allmählich schlossen sich die Beiträge des Herausgebers organisch zu einer ganzen Filmdramaturgie und Filmphilosophie zusammen und ergaben das ohne jeden Zweifel beste theoretische Filmbuch, das wir überhaupt besitzen: *Der sichtbare Mensch*. Wir (der *Filmkurier*, H. H. D.) haben s. Z. die wichtigsten Kapitel dieses Buches im Vorabdruck gebracht und können also darauf verzichten, hier nochmals eingehend auf dieses interessanteste und geistreichste Filmbuch deutscher Sprache einzugehen, dessen Lektüre keiner, der beim Film ›mitsprechen‹ will, versäumen sollte.« Im März 1925 publizierte Robert Musil – wie Balázs Autor des Wiener *Tag* – seinen Essay *Ansätze zu neuer Ästhetik*, zu denen er sich von *Der sichtbare Mensch* hatte anregen lassen. Dessen Verfasser charakterisierte er als Theoretiker *und* Dichter:

»Die Fähigkeit aber, das Erlebnis nicht nur scharf, sondern auch zärtlich zu beobachten, die geistreiche Darstellung, welche als gut leitende Atmosphäre sofort jeden Eindruck in Beziehung zu vielen anderen setzt, vor allem aber die klare, tiefe, geordnete Schichtung dieser Atmosphäre sind persönliche Eigenschaften des Dichters Balázs. Er erzählt wie ein Jäger, der sich herangeschlichen hat, vom Leben der Filmstücke, die in endlosen Rudeln durch unsere Kinos ziehn, aber beschreibt sie gleichzeitig als erster Anatom und Biologe.«

Noch 1925 erschien *Der sichtbare Mensch* in der Sowjetunion in gleich zwei konkurrierenden Übersetzungen, von Kirill Schutko bzw. Adrian Piotrowsky. Das irritierte schon Sergej Eisenstein, als er im Sommer 1926 einige Aussagen von Balázs über den *Panzerkreuzer Potemkin* monierte: *Béla vergißt die Schere*. Der charismatische Vortragsredner Balázs hatte zuvor dem Berliner »Klub der Kameraleute Deutschlands« seine neuen Einsichten über die Bedeutung der Aufnahme für die Filmkunst vermittelt, die aber dem Montageapologeten Eisenstein nicht weit genug gingen.

Der ersten Besprechung der 26er Neuauflage des Balázs-Buches durch Andor Kraszna-Krausz in der Zeitschrift *Filmtechnik* kommt eher der Charakter einer Verlagsankündigung zu, denn nicht nur war A. K. der Redakteur der *Filmtechnik*, die im selben Verlag Wilhelm Knapp in Halle (Saale) erschien, der auch die Neuauflage herausbrachte. Überdies hatte Balázs' ungarischer Landsmann mit großer Wahrscheinlichkeit die Anregung zur Neuauflage gegeben – was die Gültigkeit seiner Vorhersage nicht mindert: »[...] *Der sichtbare Mensch* wird darum einst eines der wertvollsten Dokumente der Filmhistorie werden.« Doch was Kraszna-Krausz als Begründung angab, die Idee der vom Film erlösten visuellen Kultur, konnte den Rezensenten Siegfried Kracauer in der *Frankfurter Zeitung* 1927 vor allem dann nicht überzeugen, wenn sie mit politischen Hoffnungen verknüpft wurde: »Allein aus der Erkenntnis, die in der Sprache sich vollzieht, kommt der radikale Umschwung.« Die spezifisch »innerästhetischen Formulierungen« zum Film jedoch, die empirische Untersuchung der Formstrukturen des Films durfte auch nach Kracauer »kein zukünftiger Filmästhetiker [...] übersehen«. Dem schloss sich 1928 Erich Kästner in *Das Deutsche Buch* an: In ungewöhnlich glücklicher Mischung vereinige Balázs in sich »die Fähigkeiten des Kritikers mit denen des Dichters, und diese rare Doppelbegabung wirkt sich nicht nur in seinen Filmen, sondern auch in seiner Filmdramaturgie *Der sichtbare Mensch* aus. Alle Fragen dieser neuen Kunstgattung schneidet er an, und alle löst er auf einfachste und sinnreichste Art. Tempo, Schönheit, Physiognomie, Zeitbegriff, Natürlichkeit, Symbolik, Lyrik des Films, Handlungsverknüpfung – die wichtigen Probleme werden ohne Ausnahme erwogen«. Beide, Kracauer und Kästner, besprachen *Der sichtbare Mensch* gemeinsam mit der *Philosophie des Films* von Rudolf Harms, einem Schüler des kinofeindlichen Ästhetikgelehrten Johannes Volkelt. Das einzig Positive an Harms' Arbeit sahen Kästner und Kracauer übereinstimmend in den vielen Zitaten – aus *Der sichtbare Mensch*.

Warum soll man Balázs' *Der sichtbare Mensch* heute noch lesen? Um ein Stück Medienkompetenz zu erwerben, sowohl in produktiver als auch in rezeptiver Hinsicht! Um einen der ganz wenigen zeitlosen Klassiker filmtheoretischer Literatur kennen zu lernen! Um sich von Balázs' Liebe zum Kino anstecken und seiner dichterischen Sprache mitreißen zu lassen! Was Erich Kästner einst schrieb, gilt noch heute: Wer diese Dramaturgie noch nicht gelesen hätte, habe – »wenn er nur halbwegs kunsttheoretische Gedankengänge und deren bildhaften Vortrag liebt« – ohne Frage etwas nachzuholen. Oder wie Andor Kraszna-Krausz empfahl: »Jeder – dem nur an dem Film etwas liegt – sollte sich diesen Band holen. Und der ihn schon hat, ihn noch einmal lesen. Wie auch der Schreiber dieses zum dritten Mal tun wird.«

Literaturhinweise

Balázs, Béla: *Der sichtbare Mensch oder Die Kultur des Films*, Wien/Leipzig: Deutsch-Österreichischer Verlag 1924; 2. Auflage: *Der sichtbare Mensch. Eine Film-Dramaturgie*, Halle (Saale): Wilhelm Knapp 1926

Balázs, Béla: *Der Geist des Films*, Halle (Saale): Wilhelm Knapp 1930; 2. Auflage: (mit einer Einleitung von Hartmut Bitomsky) Frankfurt am Main: makol 1972

Balázs, Béla: *Iskusstwo Kino*, Moskau 1945

Balázs, Béla: *Der Film. Werden und Wesen einer neuen Kunst* (Deutsche Ausgabe von: *Filmkultúra*, Budapest 1948), Wien: Globus 1949; 2. veränd. Auflage: 1961, 3. veränd. Auflage: 1972

Balázs, Béla: *Essay, Kritik 1922-1932*, hrsg. v. Kühn, Gertraude/Lichtenstein, Manfred/Jahnke, Eckart, Berlin: Staatliches Filmarchiv der DDR 1973

Balázs, Béla: *Schriften zum Film. Band 1: »Der sichtbare Mensch«, Kritiken und Aufsätze 1922-1926*, hrsg. v. Diederichs, Helmut H./Gersch, Wolfgang/Nagy, Magda K., München: Hanser/Budapest: Akademie/Berlin: Henschel 1982

Balázs, Béla: *Schriften zum Film. Band 2: »Der Geist des Films«, Artikel und Aufsätze 1926-1931*, hrsg. v. Diederichs, Helmut H./Gersch, Wolfgang, München: Hanser/Budapest: Akademie/Berlin: Henschel 1984

Diederichs, Helmut H.: *Die Wiener Zeit: Tageskritik und »Der sichtbare Mensch«*. In: Balázs, Béla: *Schriften zum Film*, Band 1, München, Berlin, Budapest 1982, S. 21-41

Diederichs, Helmut H.: *Béla Balázs und die Schauspielertheorie des Stummfilms: »Der sichtbare Mensch« und seine Vorläufer.* In: Gaßner, Hubertus (Hrsg.): *WechselWirkungen. Ungarische Avantgarde in der Weimarer Republik*, Marburg: Jonas 1986, S. 554-559

Diederichs, Helmut H.: *Anfänge deutscher Filmkritik*, Stuttgart: Fischer Wiedleroither 1986

Diederichs, Helmut H. (Hrsg.): *Der Filmtheoretiker Herbert Tannenbaum*, Frankfurt am Main: Deutsches Filmmuseum 1987

Diederichs, Helmut H.: *Béla Balázs – Filmtheoretiker, Kritiker, Autor.* In: *Cinegraph. Lexikon zum deutschsprachigen Film*, hrsg. v. Hans-Michael Bock, München: edition text + kritik, 13. Lieferung 1989.

Diederichs, Helmut H.: *Filmkritik und Filmtheorie.* In: Jacobsen, Wolfgang/Kaes, Anton/Prinzler, Hans Helmut (Hrsg.): *Geschichte des deutschen Films*, Stuttgart/Weimar: Metzler 1993, S. 451-464

Diederichs, Helmut H.: *Frühgeschichte deutscher Filmtheorie. Ihre Entstehung und Entwicklung bis zum Ersten Weltkrieg*, Habilitation Frankfurt am Main 1996 (Online im Internet 2001: http://hb051.fh-muenster.de/subcollc/docs/fhdo/010402-000014-fruefilm.pdf)

Fehér, Ferenc: *Das Bündnis von Georg Lukács und Béla Balázs bis zur ungarischen Revolution 1918.* In: Heller, Agnes/Fehèr, Ferenc/Márkus, György/Radnóti, Sándor: *Die Seele und das Leben. Studien zum frühen Lukács*, Frankfurt am Main: Suhrkamp 1977, S. 131-176

Gersch, Wolfgang: *Versuche auf breiter Front: Balázs in Berlin.* In: Balázs, Béla: *Schriften zum Film*, Band 2, München, Berlin, Budapest 1984, S. 9-48

Haas, Willy: *Wir brauchen Kritik! Ein Nekrolog auf eine Filmrubrik.* In: *Filmkurier* (Berlin), Nr. 41, 17. 2. 1925. Nachdruck in: ders., *Der Kritiker als Mitproduzent. Texte zum Film 1920-1933*, hrsg. v. Jacobsen, Wolfgang/Prümm, Karl/Wenz, Benno, Berlin: Edition Hentrich 1991, S. 67-69

Harms, Rudolf: *Philosophie des Films. Seine ästhetischen und metaphysischen Grundlagen*, Leipzig: Felix Meiner 1926; unveränderter fotomechanischer Nachdruck – Zürich: Rohr 1970

Jampolski, Michail: *Die Geburt einer Filmtheorie aus dem Geist der Physiognomik.* In: *Beiträge zur Film- und Fernsehwissenschaft* (Berlin), Nr. 2, 1986, S. 79-98

Kästner, Erich: *Ästhetik des Films.* In: *Das Deutsche Buch*, Heft 3-4, März/April 1928, S. 114-115. Nachdruck in: Zonneveld, Johan: *Erich Kästner als Rezensent 1923-1933*, Frankfurt am Main u.a.: Peter Lang 1991, S. 223-224

Kessler, Frank: *Photogénie und Physiognomie.* In: Campe, Rüdiger/Schneider, Manfred (Hrsg.): *Geschichten der Physiognomik. Text – Bild – Wissen*, Freiburg im Breisgau: Rombach 1996, S. 515-534

Koch, Gertrud: *Die Physiognomie der Dinge. Zur frühen Filmtheorie von Béla Balázs.* In: *Frauen und Film* (Frankfurt am Main), Nr. 40, August 1986, S. 73-82

Kracauer, Siegfried: *Bücher vom Film.* In: *Frankfurter Zeitung*, Nr. 505, 10. 7. 1927

Kraszna-Krausz, Andor (A. K.): *Béla Balázs: Der sichtbare Mensch. Eine Filmdramaturgie.* In: *Filmtechnik* (Halle), Nr. 21, 16. 10. 1926, S. 425-426.

Loewy, Hanno: *Medium und Initiation. Béla Balázs: Märchen, Ästhetik,*

Kino. Phil. Diss. Frankfurt am Main 1999 (Online im Internet: http://www.ub.uni-konstanz.de/kops/volltexte/2000/400)

Musil, Robert: *Ansätze zu neuer Ästhetik. Bemerkungen über eine Dramaturgie des Films*. In: *Der Neue Merkur* (Stuttgart/Berlin), März 1925, S. 488-506. Nachdruck in: Robert Musil, *Gesammelte Werke. Band 8: Essays und Reden*, hrsg. von Adolf Frisé, Reinbek bei Hamburg 1978, S. 1137-1154

Nagy, Magda: *Béla Balázs' Tätigkeit für den Film, das Theater und die Arbeiterkultur am Ende der zwanziger und Anfang der dreißiger Jahre*. In: Balázs, Béla: *Essay, Kritik 1922-1932*, hrsg. v. Kühn, Gertraude/Lichtenstein, Manfred/Jahnke, Eckart, Berlin: Staatliches Filmarchiv der DDR 1973, S. 9-35

Schubert, Renate: *Psychologische Sichten auf theoretische Arbeiten von Arnheim und Balázs*. In: *Beiträge zur Film- und Fernsehwissenschaft* (Berlin), Nr. 34, 1988, S. 138-148

Zsuffa, Joseph: *Béla Balázs. The Man and the Artist*, Berkeley/Los Angeles/London: University of California Press 1987

Robert Musil
Ansätze zu neuer Ästhetik

Bemerkungen über eine Dramaturgie des Films*
[1925]

I

»... Ich weiß, daß die Theorie gar nicht grau ist, sondern für jede Kunst die weiten Perspektiven der Freiheit bedeutet. Sie ist die Landkarte für den Wanderer der Kunst, die alle Wege und Möglichkeiten zeigt, und was zwingende Notwendigkeit zu sein schien, als einen zufälligen Weg unter hundert anderen entlarvt. Die Theorie ist es, die den Mut zu Kolumbusfahrten gibt und jeden Schritt zu einem Akt freier Wahl macht.

Warum das Mißtrauen gegen die Theorie? Sie muß gar nicht stimmen, um große Werke zu inspirieren. Fast alle großen Entdeckungen der Menschheit gingen von einer falschen Hypothese aus. Auch ist eine Theorie sehr leicht zu beseitigen, wenn sie nicht mehr funktioniert. Aber die praktischen Erfahrungen des Zufalls verrammen wie schwere, undurchsichtige Wände den Weg. Noch nie ist eine Kunst groß geworden ohne Theorie.

Damit will ich nicht gesagt haben, daß der Künstler unbedingt ›gelehrt‹ sein muß, und ich kenne auch die allgemeine (allzu allgemeine!) Ansicht vom Werte des ›unbewußten Schaffens‹. Doch kommt es darauf an, auf welchem Bewußtseinsniveau des Geistes einer unbewußt schafft...«

Ich habe diesen ausgezeichneten Einleitungsworten nichts hinzuzufügen, außer daß unter uns Deutschen ihr Geist nicht sehr verbreitet ist. Wir haben zwar für die wissenschaftliche Durchforschung der Kunst recht wohl unsere Männer gestellt, und auch die unverbindliche »Klein-aber-Meinungsbildung« des in Atelier

* Béla Balázs, Der sichtbare Mensch. Deutsch-Österreichischer Verlag, Wien-Leipzig

und Kaffeehaus schaffenden Künstlers ist sehr bunt und entwikkelt, aber die Denker, welche zwischen den beiden Gefilden anregend und ordnend vermitteln könnten, fehlen uns nahezu. Das gibt Balázs' Buch eine Bedeutung, die weit über den Film hinausreicht. Er ist – in Ungarn ein Dichter von Namen, unter uns ein Fremder, da die Beziehungen zwischen der ungarischen und der deutschen Literatur sehr dürftig sind – nach Wien gekommen, als in seinem Vaterland die Reichsverwesung begann, mußte sein Brot als Journalist suchen und wurde so unter anderem Filmkritiker: diesem Umstand verdankt er die große Erfahrung und die einfache, überzeugende Darstellung, welche sein Buch zu einer überaus sachkundigen Führung durch die dramaturgischen Haupt- und Nebenprobleme des Films machen. Die Fähigkeit aber, das Erlebnis nicht nur scharf, sondern auch zärtlich zu beobachten, die geistreiche Darstellung, welche als gut leitende Atmosphäre sofort jeden Eindruck in Beziehung zu vielen anderen setzt, vor allem aber die klare, tiefe, geordnete Schichtung dieser Atmosphäre sind persönliche Eigenschaften des Dichters Balázs. Er erzählt wie ein Jäger, der sich herangeschlichen hat, vom Leben der Filmstücke, die in endlosen Rudeln durch unsere Kinos ziehn, aber beschreibt sie gleichzeitig als erster Anatom und Biologe. Und indem er dies tut, immer gleichzeitig im Erlebnis und in der Reflexion, schafft sein ungewöhnliches Talent auf dem wüsten Gebiet der Filmkritik ein unerwartetes Paradigma auch für die Kritik der Literatur, die er überall dort berührt, wo er den Film von ihr abgrenzt.

Die Bemerkungen, die ich im folgenden anfüge, gelten hauptsächlich dieser Berührungs- und Abgrenzungsfläche. Die Frage, ob der Film eine selbständige Kunst sei oder nicht, bei Balázs der Ausgangspunkt für Bemühungen, ihn zu einer zu machen, regt Fragen an, die allen Künsten gemeinsam sind. In der Tat ist der Film die Volkskunst unserer Zeit geworden. »Nicht in dem Sinn, leider, daß sie aus dem Volksgeist entsteht sondern daß der Volksgeist aus ihr entsteht«, sagt Balázs. Und es haben die Kirchen und Gottesstätten aller Religionen in Jahrtausenden die Welt mit keinem so dichten Netz überzogen, wie das Kino es in drei Jahrzehnten tat.

II

Vor allem – so könnte man jede Beweisführung dafür, daß der Film eine Kunst sei, paradox ergänzen – spricht für ihn sein verstümmeltes Wesen als ein auf bewegte Schatten reduziertes Geschehen, das dennoch eine Illusion des Lebens erzeugt. Denn jede Kunst ist eine solche Abspaltung. Stumm wie ein Fisch und bleich wie Unterirdisches schwimmt der Film im Teich des Nursichtbaren; aber die Malerei ist stumm und starr, noch deutlicher geben zwanzig in einem Raum vereinigte gothische oder barocke Skulpturen, mit ihren wie Säbel gekreuzten Gebärden, den Eindruck einer Katatonikerversammlung in einem Irrenhaus, und wenn man die Klangbewegungen selbst eines klassischen Musikstücks, unbefangen von Musik, unter dem Gesichtspunkt sozialer Äußerung betrachtet, erweisen sie eine noch unbeschriebene Manie, deren Merkwürdigkeit nichts an die Seite zu stellen ist. Weshalb eine solche, im Grunde seltsame Abspaltung vom vollen Leben zur Kunst wird? Wir können die Antwort heute schon tasten, besitzen sie aber noch nicht. Wahrscheinlich hängt es mit den, untereinander eng verwandten, Vorgängen zusammen, welche die Psychologie Verdichtung und Verschiebung nennt, wobei entweder heterogene, aber unter gleichem Affekt stehende Bilder zu Konglomeraten zusammengebaut werden, an denen gewissermaßen die Affektsumme haftet (z. B. Tiermenschen und multiple Tiere der primitiven Kulturen, Traum- und Halluzinationsbilder, wo gleichfalls zwei oder mehr Personen in einer erscheinen), oder umgekehrt, ein einzelnes Bild (Teil) als Repräsentant eines Komplexes auftritt und mit dem unerklärlich hohen Affektwert des Ganzen geladen erscheint (Magische Rolle von Haaren, Fingernägeln, Schatten, Spiegelbild u. dgl.).

Ein damit verbundener Entwicklungsschritt, den jede Kunst tut, ist wenigstens in seiner Richtung aus bekannten Eigentümlichkeiten des Erkennens besser zu verstehn. Es liegt ja nahe, daß im allgemeinen, je eindrucksärmer ein der Wahrnehmung dargebotenes Material ist, desto deutlicher die darin enthaltenen Beziehungen hervortreten werden. Der Rhythmus wird am skandierten Vokal deutlicher als am Wort und am deutlichsten am Klopfgeräusch, das zwar akustisch kompliziert, aber sozusagen seelisch einfach ist; ebenso treten an einer Statue die linearen und flächigen Zusammenhänge deutlicher hervor als am lebenden

Körper. Im Alltagssprachgebrauch bedeutet abstrahieren soviel wie absehen von etwas oder auch alles andere vernachlässigen bis auf eine Seite der Sache; in dieser Seite treten dann Beziehungen ohne unser besondres Zutun hervor, weshalb der passive Name Abstraktion, der die Einseitigkeit und Abgespaltenheit der Kunst ausdrückt, auch dafür beibehalten werden kann, obgleich es sich ebensosehr um einen Zuwachs an Eindrücken handelt wie um eine Reduktion. Soweit Kunst Abstraktion ist, ist sie schon dadurch auch Zusammenfassung zu einem neuen Zusammenhang. Bleibt er auf die sinnliche Oberfläche des Lebens beschränkt, so entstehen jene Farb-, Flächen-, Klang-, Rhythmus- usw. Beziehungen, deren weitere Durchbildung dann im allgemeinen die formale Entwicklung einer Kunst bedeutet. Wieweit die entstehenden formalen Gebilde eigne Gefühle erregen (ein »Gefallen« etwa), wieweit die vorhin angenommenen Grunderlebnisse in sie einstrahlen oder beide Wirkungen sich untereinander und mit andren verbinden, mag beiseite bleiben: jedenfalls existiert die formale Seite, in der man so oft das Wesentliche der Kunst, das eigentliche Objekt der Ästhetik gesehn hat, niemals selbständig. Was von einem Gedicht nach Abzug der logischen Bedeutung übrig bleibt, ist bekanntlich ebenso ein Trümmerhaufen wie das, was von seinem Sinn übrig bleibt, wenn man den Vokalismus und Rhythmus mit einem alltäglichen vertauscht; ähnliches gilt in allen Künsten. Treten die formalen Beziehungen einer Kunst plötzlich isoliert hervor, so entsteht, wovon vorhin halb im Scherz die Rede war, jenes schreckhafte Staunen vor einer irrsinnigen Welt.

III

Darin aber, daß wir dieses Staunen vor Kunstwerken als komplizierten, unpraktischen, geradezu grotesken Gebilden bekanntlich nicht mitempfinden, liegt der Hinweis auf die wichtige Tatsache, daß wir die Gleichgewichtsstörung des Wirklichkeitsbewußtseins, welche jedes Kunstwerk bedeutet, sofort nach einer anderen Richtung ausgleichen und – die amputierten Beziehungen fortlassend – den Teil zu einem neuen Ganzen, das Abnorme zur neuen Norm, das gestörte zu einem andren Seelengleichgewicht ergänzen. Man ist zwar gewohnt, die Wirkung des Kunstwerks als einen gehobenen, wohl auch als einen erleichterten Lebenszustand beschrieben zu finden, früher nannte man ihn gern Phantasie und heute Illusion, aber man trifft selten oder nie auf die Auswertung der Möglichkeit, daß diese Illusion bei aller Verschiedenheit eine Analogie zu dem ist, was die Psychiatrie unter einer Illusion versteht; also eine »Störung«, bei der Elemente der Wirklichkeit zu einem unwirklichen Ganzen ergänzt werden, das Wirklichkeitswert usurpiert. Man sieht die Kunst lieber als einen Schnörkel, denn eine Verneinung des wirklichen Lebens an. Die Begriffe der zwecklosen Schönheit oder des schönen Scheins, die in unserer Kunstauffassung immer noch eine große Rolle spielen, haben etwas von Erholung an sich; wenn ich nicht irre, liegt die Wurzel davon im Herrschaftsbeginn des Christentums, wo die Kunst unter der Eifersucht der Glaubensstrengen litt und von ihren Verteidigern gleichsam in ein Leben zweiten Ranges geflüchtet wurde, während die Ästhetik unserer klassischen Zeit, die unter dem Serenissimustum litt (wie seltsam oft die Mischung von Kühnheit und Vorsicht in Schiller!), ihre Bemühungen mehr darauf richtete, diesem »zwecklosen Schein« wieder einen bürgerlichen Platz und Würdigung zu sichern, als daß sie seinen lebensverneinenden Charakter betont hätte.

Dennoch zeigen diesen Gegensatz zur normalen Welthaltung offenkundig, wenn auch als harmlos hingestellt, schon die Mittel, deren sich die Künste bedienen. Von Verdichtung und Verschiebung abgesehn, die beide einer vorzivilisatorischen Phase der Menschheit entspringen, zielen zum Beispiel Rhythmik und Monotonie, die eine so große Rolle spielen, auf eine Einengung des Bewußtseins, die der leichten Hypnose ähnlich ist, mit dem gleichen Ziel, die präsentierte Suggestion durch Herabdrücken der seelischen Umgebung überwertig zu machen. Ihre letzte Wurzel haben alle diese Mittel in sehr alten Kulturzuständen und insgesamt bedeuten sie eine außerbegriffliche Korrespondenz des Menschen mit der Welt und abnormale Mitbewegung, deren man übrigens in jedem Augenblick inne werden kann, wenn man, vertieft in ein Kunstwerk, plötzlich kontrollierendes Normalbewußtsein einschaltet. Liest man die genialen Beschreibungen, welche Lévy-Bruhl in seinem Buch »Les fonctions mentales des sociétés primitives«* vom Denken der Naturvölker gegeben hat,

* deutsch: Das Denken der Naturvölker, bei Braumüller, Wien

namentlich die Kennzeichnung jenes besonderen Verhaltens zu den Dingen, das er Partizipation nennt, so wird der Zusammenhang mit dem Kunsterlebnis an vielen Stellen derart fühlbar, daß man glauben kann, in diesem eine späte Entwicklungsform jener Frühwelt vor sich zu haben; es wäre ungemein wichtig, wenn die ästhetische Forschung der Aufklärung dieser Zusammenhänge – die auf der anderen Seite tief mit der Psychopathologie verbunden sind* – ihre Aufmerksamkeit schenken wollte. Natürlich sind diese Grunderlebnisse in der Entwicklung längst umgebogen worden, haben sich verfärbt, mit anderem vermengt, sind kaum noch zu zerlegen und erhielten eine neue soziale Einbettung – eben die, Kunst zu sein, das ist etwas in seinen sozialen Beziehungen und seiner Bedeutung scheinbar so sehr Bestimmtes, daß man über das Wesen dieser Beziehungen nachzudenken kaum noch ein Bedürfnis empfindet.

Im Kern steckt aber darin ein andres Verhalten zur Welt. Zitiere leise für dich ein Gedicht in der Generalversammlung einer Aktiengesellschaft, und diese wird augenblicklich ebenso sinnlos werden, wie es das Gedicht in ihr ist.

IV

Ein merkwürdiges Beispiel liefert ein zum Film gehörendes Grunderlebnis, jenes in Balázs' Buch beschriebene ungewohnte Leben, welches die Dinge in der optischen Einsamkeit gewinnen. »In der Welt des sprechenden Menschen sind die stummen Dinge viel lebloser und unbedeutender als der Mensch. Sie bekommen nur ein Leben zweiten und dritten Grades und das auch nur in den seltenen Momenten besonders hellsichtiger Empfindlichkeit der Menschen, die sie betrachten ... In der gemeinsamen Stummheit werden sie mit dem Menschen fast homogen und gewinnen dadurch an Lebendigkeit und Bedeutung. Das ist das Rätsel jener besonderen Filmatmosphäre, die jenseits jeder literarischen Möglichkeit liegt.« Man könnte versucht sein, darin nur einen Aufmerksamkeitsakzent beschrieben zu sehn, aber der folgende

* Anregend: Ernst Kretschmer, Medizinische Psychologie, bei G. Thieme, Leipzig. Dieses kleine Buch, hier vielfach benützt, gibt wertvolle Ansätze zur Psychologie der Gefühle, die bisher von der experimentellen Psychologie mit zu wenig Erfolg, von der Psychoanalyse zu einseitig behandelt worden ist.

Zusatz kehrt die Meinung ganz unzweideutig heraus: »Voraussetzung dafür ist, daß das Bild jedes Gegenstands eigentlich einen inneren Zustand bedeutet«, daß »alle Dinge im Film eine symbolische Bedeutung haben … Man könnte einfach Bedeutung sagen. Denn symbolisch heißt ja soviel wie Bedeutung haben, über seinen eigenen Sinn hinaus noch einen weiteren Sinn meinen. Das Entscheidende dabei für den Film ist, daß alle Dinge, ohne Ausnahme, notwendigerweise symbolisch sind. Denn alle Dinge machen auf uns, ob es uns bewußt wird oder nicht, einen physiognomischen Eindruck. Wie Zeit und Raum aus unserer Erfahrungswelt niemals auszuschalten sind, so haftet das Physiognomische jeder Erscheinung an. Es ist eine notwendige Kategorie unserer Wahrnehmung«.

Was ist dieser »physiognomische Eindruck«, dieses »symbolische Gesicht« der Dinge?

Zunächst ist es gewiß etwas, das sich im Umfang der normalen Psychologie erklären läßt; irgendein Gefühlston, der mit den Vorgängen zusammenhängt, die als Abstraktion und Abspaltung erwähnt worden sind. Indes sind psychologische Zusammenhänge fast immer so verflochten, daß ein Ganzes zwar durch seine Einzelheiten bestimmt wird, die Einzelheiten aber auch durch das Ganze; deshalb, wenn Eindrücke überwertig und befremdlich werden, sobald sie sich aus ihrer gewohnten Umrahmung lösen, deutet es die Vermutung eines andren, apokryphen Zusammenhangs an, in den sie eintreten. In diesem Fall wäre es gewissermaßen eine nachgiebige Stelle in unserem, mit dem Anschein unerschütterlicher Festigkeit sich umgebenden Weltbild, denn was zitiert worden ist, erinnert sehr an jene Veränderung unseres Bewußtseins, dem Novalis und seine Freunde ihre großen und wundersamen Erlebnisse verdankt haben.

Man könnte in der Tat dieses symbolische Gesicht der Dinge, wenn es im Schattenreich der lebenden Photographie mehr als eine Episodistenrolle spielte, die Mystik des Films oder zumindest seine Romantik nennen. Das Merkwürdige ist, daß ein Buch aus der Praxis des Films überhaupt dahin kommt und voll bewußt diese Grenze zweier Welten berührt.

V

Ihr ungewisser Verlauf ist leider noch niemals frei von Vorurteilen – sei es von vernünftelnden, sei es von glaubenssüchtigen – verfolgt und dargestellt worden; es scheint aber, daß sich durch die ganze Geschichte der Menschheit eine Zweiteilung zieht, in zwei Geisteszustände, die einander zwar mannigfach beeinflußt haben und Kompromisse eingegangen sind, sich jedoch nie recht gemischt haben. Den einen der beiden kennt man als den Normalzustand unserer Beziehungen zu Welt, Menschen und eigenem Ich. Wir haben uns – wenn man ihn gleich mit Rücksicht auf den andren beschreibt – durch die *Schärfe* unsres Geistes zu dem entwickelt, was wir sind, Herren einer Erde, auf der wir ursprünglich ein Nichts zwischen Ungeheurem waren; Aktivität, Tapferkeit, List, Falschheit, Ruhelosigkeit, Böses, Jägerhaftigkeit, Kriegslust und dergleichen sind die moralischen Eigenschaften, denen wir diesen Aufstieg verdanken. Wir haben sie heute zwar, sobald sie innerhalb unserer Interessengemeinschaften im Übermaß auftreten, zu Untugenden herabgesetzt, aber sie beherrschen nicht nur den Verkehr der Interessenverbände untereinander noch immer (Krieg, Ausbeutung und dergleichen), sondern – was viel schwerer zu ändern ist – sie durchdringen auch die geistige Haltung des Menschen unserer Zivilisation bis ins letzte. Das Messen, Rechnen, Spüren, das positive, kausale, mechanische Denken, das an Menschen unsrer Tage so oft beklagt wird, ist der gleiche Ausdruck urverwurzelten Mißtrauens und Daseinskampfes wie die beherrschende Rolle des Geldes als Regulator einer Welt, in der nur die niederen Eigenschaften des Menschen für fest und berechenbar gelten, sozusagen als das einzige solide soziale Baumaterial verwendet werden. Die beliebte Aufgabe, den Menschen zu »verbessern«, ist weit schwieriger, als man es gemeinhin voraussetzt, und keinesfalls nur mit jener guten Gesinnung zu lösen, die das Böse meiden will, denn ohne seine bösen Eigenschaften bleibt vom Menschen, der wir sind, nichts übrig als ein gestaltloser Haufe. Sogar die Moral selbst ist in ihrer eigensten Natur völlig durchsetzt und kompromittiert von den scharfen und bösen Grundeigenschaften unseres Geistes; schon ihre Gestalt als Regel, Norm, Befehl, Drohung, Gesetz und Gut wie Böse quantifizierende Abwägung zeigt den formenden Einfluß des metrischen, rechnenden, mißtrauischen, vernichtungswilligen Geistes.

Diesem Geisteszustand steht jedoch ein andrer gegenüber, der historisch nicht minder nachweisbar ist, wenn er sich auch unsrer Geschichte weniger stark aufgeprägt hat; er ist mit vielen Namen bezeichnet worden, die alle eine unklare Übereinstimmung tragen. Man hat ihn den Zustand der Liebe genannt, der Güte, der Weltabgekehrtheit, der Kontemplation, des Schauens, der Annäherung an Gott, der Entrückung, der Willenlosigkeit, der Einkehr und vieler andrer Seiten eines Grunderlebnisses, das in Religion, Mystik und Ethik aller historischen Völker ebenso übereinstimmend wiederkehrt, wie es merkwürdig entwicklungslos geblieben ist. Dieser andere Geisteszustand wird immer mit ebenso großer Leidenschaft wie Ungenauigkeit beschrieben, und man könnte versucht sein, in diesem schattenhaften Doppelgänger unsrer Welt nur einen Tagtraum zu sehn, wenn er nicht seine Spuren in unzähligen Einzelheiten unseres gewöhnlichen Lebens hinterlassen hätte und das Mark unsrer Moral und Idealität bilden würde, das zwischen den harten Fasern des Bösen liegt. Man muß es sich, wenn man nicht eigene eingehende Forschungen zur Grundlage hat, heute versagen, mehr über Bedeutung und Wesen dieses anderen Zustands sagen zu wollen, denn unser Wissen von ihm war bis vor kurzem noch so, wie unser übriges Weltwissen ungefähr im zehnten Jahrhundert war; hebt man aber aus den reinen Beschreibungen in seiner Jahrtausende alten Literatur einige übereinstimmende Hauptkennzeichen heraus, so findet man immer wieder das Dastehn einer andern Welt, wie ein fester Meeresboden, von dem die unruhigen Fluten der gewöhnlichen zurückgetreten sind, und im Bilde dieser Welt gibt es weder Maß noch Genauigkeit, weder Zweck noch Ursache, gut und böse fallen einfach weg, ohne daß man sich ihrer zu überheben brauchte, und an Stelle aller dieser Beziehungen tritt ein geheimnisvoll schwellendes und ebbendes Zusammenfließen unseres Wesens mit dem der Dinge und anderen Menschen.

Dieser Zustand ist es, in dem das Bild jedes Gegenstandes nicht zum praktischen Ziel, sondern zu einem wortlosen Erlebnis wird, und die Beschreibungen vom symbolischen Gesicht der Dinge und ihrem Erwachen in der Stille des Bilds, die vorhin zitiert worden sind, gehören zweifellos in seinen Umkreis. Es ist ungemein interessant, auf dem Terrain des Films, das doch noch ein Spekulationsterrain im gemeinsten Sinn ist, schon die flüchtige Spur dieser Erlebnisse entdeckt zu sehn. Man würde sich irren, wollte man in der plötzlich erblickten Physiognomik der Dinge bloß die Überraschung durch das isolierte optische Erlebnis bemerken; die ist nur Mittel, es handelt sich auch da um die Sprengung des normalen Totalerlebnisses. Und diese ist ein Grundvermögen jeder Kunst.

VI

Diese Betrachtung, scheinbar weit abliegend, berührt ein gefährliches Feld von heute allgemein verbreiteten Irrlehren; es ist das Versuchsfeld der zeitgenössischen Anstrengungen, im Tanz, auf der Bühne, durch Gegenstandsfreiheit der Darstellung in Malerei, Skulptur, Lyrik, durch intuitives Besinnen, Erziehung der Sinne, religiöse Renaissance und dergleichen mehr den Geist des Menschen vom Verstand zu befrein und wieder in ein unmittelbares Verhältnis zur Schöpfung einzusetzen. Heute scheinen diese Bemühungen eine Sehnsucht auszudrücken, die erst zusammen mit verwandten Bestrebungen des Expressionismus groß geworden ist. Blickt man aber einige Jahrzehnte weiter zurück, so erkennt man, daß dieser gegen den »Verstand« gerichtete Ausbruchsversuch der »Seele«, der ihr zu unmittelbarerem Ausdruck verhelfen möchte, als es das entleerte und von Begrifflichkeit vergitterte Wort erlaubt, und den menschlichen Geist auf allen Nebenwegen, nur nicht auf dem Hauptweg ins Freie führt, auch zu jener Zeit schon da war. Die eigentlichen Wurzeln dieser Emanzipationsbestrebungen liegen schon im sogenannten Impressionismus, wenigstens soweit er Literatur ist, und wurden von den Einwirkungen der deutschen Romantik, Emersons und des mystischen Eklektikers Maeterlinck gepflanzt. Auch die religiöse Renaissance, deren Welle ihren Höhepunkt heute wahrscheinlich überschritten hat, war damals im Anstieg. Eingestandenermaßen handelte es sich um eine Auflehnung gegen die zunehmende Mechanisierung des Daseins, die Krisis einer Midasexistenz, der jedes, wenn nicht zu Geld, so zu Eisenbeton wurde; aber der fernere, uneinbekannte Sinn davon war nichts als einer der immer wiederkehrenden Versuche, größere Annäherung an den »anderen Zustand« zu suchen, der in seinen Abformen als Kirche, Kunst, Ethik, Erotik mit ungeheuerer Mächtigkeit in unser Dasein hereinragt, aber völlig verworren und korrupt geworden ist.

Nur wurde – und wird heute noch – der entscheidende Irrtum begangen, daß man als das, was es zu verdrängen gilt, das »Denken« ansah; vor allem im Kunstbereich ist das bis heute ein lebendiges Vorurteil geblieben. Das ist aber eine schiefe, nicht auf die Mitte des Problems zielende Angriffsrichtung, es hängt viel davon ab, die richtigen Gegensätze zu bestimmen, und da diese Schwierigkeiten noch in die geistige Diskussion unserer Tage verflochten sind, erscheint es mir erlaubt, sie etwas zu erörtern.

Vor allem muß festgehalten werden, daß nicht nur unser Verstand, sondern auch schon unsere Sinne »intellektuell« sind. Bekanntlich sehen wir, was wir wissen: Chiffren, Sigel, Abkürzungen, Zusammenfassungen, die Hauptattribute des Begriffs; durchdrungen und getragen bloß von einzelnen dominanten sinnlichen Eindrücken und einer vagen Fülle der übrigen. Beim Hören geschieht ähnliches; wenn unser Verständnis nicht dem Klang voraus ist wie der Souffleur dem Schauspieler, macht uns der Sinn Mühe, in einer uns nicht geläufigen Sprache zum Beispiel auch dann, wenn uns die Worte einzeln bekannt sind. Auch an Bewegungen nimmt man allgemeine Kennzeichen wahr, aber das Untypische erfaßt man so schlecht, daß z. B. nichts größere Mühe macht, als Gebärden so zu beschreiben, daß andre ein Bild davon haben. Selbst Gerüche und Geschmäcke unterscheidet man ohne Hilfe einer Gegenstandsbeziehung schlecht, wenn sie nicht sehr penetrant sind, und erst recht gilt ähnliches von wirklich seelischen Erlebnissen, von denen man durchwegs behaupten kann, daß die Gestalt, welche sie in verschiedenen Menschen annehmen, die der Vorstellungen ist, die sich diese vorher von ihnen gemacht haben. Dies geht so weit, daß ohne präformierte stabile Vorstellungen, und das sind Begriffe, eigentlich nur ein Chaos bleibt, und da anderseits die Begriffe wieder von der Erfahrung abhängen, entsteht ein Zustand des gegenseitigen Sichformens wie zwischen Flüssigkeit und elastischem Gefäß, ein Gleichgewicht ohne festen Widerhalt, für das wir noch keine rechte Beschreibung gefunden haben, so daß es im Grunde so unheimlich ist wie die Decke eines Sumpfes.

Wir befinden uns also in einem zwiespältigen Verhältnis. Es ist nicht das Denken, sondern einfach schon die Notwendigkeit praktischer Orientierung, was zur Formelhaftigkeit treibt, und zwar zur Formelhaftigkeit der Begriffe nicht mehr als zu der unsrer Gebärden und Sinneseindrücke, die sich nach ein paar Wiederholungen genau so einschleifen wie die an Worte geknüpften Vorstellungsabläufe. Dann aber darf sich auch die Gegnerschaft nicht gegen das Denken richten, wie es in solchen Zusammenhängen fast immer geschieht, sondern muß sich von dem praktischen und faktistischen Normalzustand des Menschen zu befreien versuchen. Geschieht jedoch dies, so bleibt nichts als das dunkle Gebiet des »anderen Zustands«, in dem vorläufig alles aufhört. Dies ist die wahre und anscheinend unentrinnbare Antithese.

Man beachte in diesem Zusammenhang, daß alle Versuche, ihr zu entrinnen, wie sie vorhin erwähnt worden sind, negativ definiert werden: zweck*freie* Bewegung ist das Wesen des Tanzes, gegenstands*freies* Sehn das der revolutionären Malerei; das zugehörige Positum, die aktive Wesensbestimmung fehlt oder ist Atelierquatsch. Dies weist weiter zurück auf den Begriff der zweck*losen* Schönheit und Kunst überhaupt; scheinbar eine Welt für sich, ist die der Schönheit doch ungeschlossen, abgesprengt und im Geheimen negativ. Was am ehesten darüber täuschen kann, ist das seelische System der Musik mit seiner formalen Scheintotalität, und in der Tat war es auch das nicht immer eingestandene, aber stets nachweisbare Vorbild der »-freien« Versuche in den andern Künsten. Hier ist scheinbar eine ganze Welt, unabhängig vom Verstand, reines Empfinden und Fühlen, und ohne Zweifel zeigen auch die andren Künste dieses erhöhte Bemerken und diese erhöhte Reaktion, die sich in einem luftdicht vom gewöhnlichen abgemauerten Seelenraum abzuspielen scheinen. Doch Kunst als Form ist wohl eine besondre Begrenzung und Gruppierung des gewöhnlichen Lebensinhalts, sie bereichert ihn, aber sie bleibt in seinem Umkreis. Die Zwischentöne, Schwingungen, Schwebungen, Lichtstufen, Raumwerte, Bewegungsachsen, in der Dichtung der irrationale Simultaneffekt sich gegenseitig bestrahlender Worte: wie in einem alten Gemälde, wenn man es firnißt, Geschehnisse hervortreten, die unsichtbar waren, so sprengen sie das stumpfe, eingeschlagene Bild und die Formelhaftigkeit des Daseins. Aber man denke an den Pinsel von einem Maler, der nichts in der Welt sieht als Motive, an den Dichter, welchem aus dem umgeschütteten Becher des Wortes ungeordnet alle Vorstellungen quellen, die der Begriff fest zusammengeballt hatte, an den Musiker, dem der kleinste Tonknacks eine metaphysische Erschütterung bedeutet: und man kommt rasch an der anderen Grenze an. Sie alle, diese Übersensiblen machen den Eindruck geschwächter Opiatiker, alter Trinker, die nüchtern überhaupt keinen Halt haben. So befreit die Kunst zwar aus der Formelhaftigkeit der Sinne und Begriffe, aber dieser Zustand läßt sich nicht zur Totalität »strecken«. So wenig wie das mystische Erlebnis ohne das rationale Gerüst einer religiösen Dogmatik, und die Musik ohne Lehrgerüst.

Damit ist das Wesen allzu optimistischer »Befreiungsversuche« gerichtet.

VII

Nun bedingt allerdings – und darauf lassen sich einige Hoffnungen bauen, daß der Film zu einer neuen sinnlichen Kultur beitragen werde – die Möglichkeit, uns auszudrücken, im voraus schon die Gedanken und Gefühle, die wir ausdrücken werden. Selbst im Alltagsleben lernen wir durch jedes ansteckende Beispiel, sei es der Shawlschwung des Filmhelden, der dem Straßenlümmel ein Stück Seele schenkt, oder das verliebte Wort, an dem sich die Liebe entzündet, daß der Ausdruck des Daseins das erst erzeugt, was seine Form annimmt; daß Kleider Leute machen, ist ein bis in die Elemente geltender Satz. Indes würde es zu einem phantastischen Irrealismus führen und gänzlich der Erfahrung widersprechen, daß wir uns niemals – durch die Affekthandlung ebensowenig wie durch das Wort – restlos auszudrücken vermögen, wollte man diesen Satz in dem viel gebrauchten Sinn wörtlich nehmen, daß man tanzend, filmend oder wie immer kunstgebärdend und »expressiv« ein von Grund aus anderer Mensch wird als durch die Druckerschwärze. Man wird es nicht. Es übernehmen bei jeder dieser »Kulturen«, von denen wir so reich beglückt wurden, besondere Komponenten des normalen Totalerlebnisses die Führung; mit allen, zum Teil sehr erfreulichen Auffrischungen und Ergänzungen, die das zur Folge hat, aber mehr geschieht nicht. Es gibt neue Erlebnisse, aber keine neue Art des Erlebens. Wo mehr davon verlangt wird, entsteht sofort etwas, das man nur die motorische Phrase, das schönkörperliche Geplapper nennen kann.

Diese Gefahr ist natürlich auch die des Films. Das prätentiös Formelhafte der Gebärden macht zum großen Teil den Kitsch im

Film aus, wie es ebenso den höheren Kitsch im Tanz bildet; das Unerträgliche in Film und Tanz (übrigens bis zu einem gewissen Grad und mutatis mutandis auch in der Musik) beginnt dort, wo Zorn Augenrollen wird, Tugend Schönheit und die ganze Seele eine Steinallee bekannter Allegorien. Sieht man näher zu, so entdeckt man, daß dies im Film selten dort eintritt, wo es sich um das unmittelbare Erlebnis handelt, dagegen fast immer, wenn die Verbindung und Verarbeitung der Erlebnisse angestrebt wird. In der Schau entfaltet der Film (mustergültige Beispiele dafür bei Balázs) die ganze Unendlichkeit und Unausdrückbarkeit, welche alles Daseiende hat – gleichsam unter Glas gesetzt dadurch, daß man es nur sieht; in der Verbindung und Verarbeitung der Eindrücke dagegen ist er scheinbar stärker als jede andere Kunst an die billigste Rationalität und Typik gekettet. Er macht die Seele wohl scheinbar unmittelbar sichtbar und den Gedanken zum Erlebnis, in Wahrheit hängt dabei die Interpretation jeder einzelnen Gebärde aber von dem Reichtum an Interpretationshilfen ab, den der Beschauer mitbringt, die Verständlichkeit der Handlung wächst (genau so wie beim Theater, wo man das für besonders dramatisch hält) mit ihrer Undifferenziertheit, die Ausdruckskraft also mit der Ausdrucksarmut, und die Typik des Films ist nichts als der vergröbernde Zeiger von der des Lebens. Dadurch, scheint mir, wird der Film in einem Teil seiner Wirkungen mit seinem Niveau immer in einem festen Abstand unter dem Niveau der gleichzeitigen Literatur liegen, und sein Schicksal vollzieht sich nicht als eine Erlösung von ihr, sondern gemeinsam mit dem ihren.

VIII

Mit Literatur ist dabei allerdings nicht der spezifische Inbegriff von Gebilden gemeint, der, wie die Kritiker behaupten, andere Formgesetze hat als die Musik oder Malerei, während sich die Ästhetiker zu beweisen bemühen, daß es im Grunde doch die gleichen sind, mit einem Wort also die Dichtung als besondre Kunst, sondern es ist nur gemeint der geistige Besitz, das seelische »Niveau« von Menschen unsrer Zeit, jener vorhin erwähnte Lebensinhalt, dessen Inszenierung und produktive Begrenzung der Sinn der Formen in der Kunst ist. In dem berechtigten Bestreben, die Besonderheit der Künste zu erforschen, wird oft übersehn, was sie gemeinsam haben, oder es wird unter einen zu allgemeinen und praktisch leeren Begriff wie den der ästhetischen Reaktion verlegt. Die verschiedenen Künste müssen aber miteinander und sogar mit der sachlichen Rede gemeinsam in irgendeiner Tiefe die Wurzel haben, da sie ja nichts als verschiedene Ausdrucksformen des gleichen Menschen sind; sie müssen deshalb auch irgendwie ineinander übersetzbar und durcheinander ersetzbar sein. Allerdings ist weder ein Bild restlos zu beschreiben, noch selbst ein Gedicht in Prosa wiederzugeben; ja man kann es geradezu als das entscheidende Kennzeichen für die Selbständigkeit einer Kunst ansehn, daß sie, mit Balázs zu sprechen, »eine unersetzbare Ausdrucksmöglichkeit« sei, oder, wie ich es in noch nicht veröffentlichten Studien versucht habe, diese Inkommensurabilität als Kennzeichen für die Wahl eines Ausdrucksmittels gebrauchen. Aber selbst wenn eine Kunst so in sich gekehrt ist wie die Musik, voll gegenstandsloser Gestalt, abnorm gesteigerten Gefühls und unaussprechlicher Bedeutung: irgendwann fragt man sich, was es bedeutet hat, setzt es in Beziehung zur Gesamtperson, ordnet es sich auf irgendeine Weise ein. Und der so oft betonte Gegensatz zur Literatur, als einer vom Intellekt verdorbenen Kunst, verschwindet, wenn man diese Weise analysiert. Denn der Vorgang spielt sich ganz ähnlich in der Literatur selbst ab. Es gibt sehr schöne Gedichte, die wenig Menschen auf den ersten Blick verstehn; im Gegenteil, zuerst versteht man außer Einzelheiten überhaupt nichts; später »dämmert«, wie der sehr gute Ausdruck sagt, der Sinn auf; am Höhepunkt mischen sich erkannte Bedeutung, wahrgenommene sinnliche Gestalt und Gefühlserregung; in der Nachwirkung wird das Erlebnis teils begrifflich assimiliert und fixiert, teils hinterläßt es eine vage, gewöhnlich unbewußte Disposition, die in irgendeiner späteren Lebenssituation plötzlich wieder lebendig werden, aber auch einen unmerkbaren Dauereinfluß ausüben kann. Selbst an einer Seite Prosa, die wirklich diesen Namen verdient, kann man erkennen, daß früher als der Sinn sich eine allgemeine Erregung mitteilt. Sinnlichkeit und Bedeutung haben also in der Literatur bloß ein anderes Gewichtsverhältnis; man kann freilich sagen, daß in ihr die sinnliche Gestaltung den Sinn bloß färbe und »hebe«, während er in der Hauptsache durch begriffliche Vorstellungen vermittelt werde, und daß sich zumindest dies bei anderen

Künsten umgekehrt verhalte, aber je später der Zeitpunkt ist, in dem man die Wirkung vergleicht, desto mehr verschwindet dieser Unterschied, und es scheint mir, daß man nicht irgendeinen Zeitpunkt der Wirkung als den legitimen auszeichnen darf, also auch nicht den beliebten des unmittelbaren Erlebnisses. Beinahe mehr Anspruch darauf könnte die Zeit der Nachwirkung erheben. Denn der Unterschied zwischen einem geschulten Musiker zum Beispiel und einem musikalisch Ungebildeten mag zwar auch in dem Augenblick enorm sein, wo sie die gleiche Musik hören (nebenbei bemerkt, ist er ein intellektueller, nämlich erhöhtes Bemerken, während die Gefühlserregung, soweit wir dafür überhaupt Maßstäbe haben, keine Unterschiede aufzuweisen braucht), ebenso ist eine Bildfläche in sich viel beziehungsreicher für den Geschulten als den Ungeschulten, aber man darf sich nicht darüber täuschen, daß der schlechte Künstler, der Dilettant oder der sentimentale Betrachter in vielen Fällen ein außerordentlich gefühlstarkes und sensibel gegliedertes Erlebnis haben; es ist geradezu komisch, wieviel sie erleben, und die gleiche Bedeutung hat es wohl, daß anscheinend in Niedergangszeiten die Kunst – aber auch jede andre Funktion – außerordentlich subtil, verzweigt, kennerhaft geübt und beurteilt wird. Nietzsche hat dies sehr schön auf die Formel gebracht, die Einzelheit verdunkle das Ganze und wachse auf seine Kosten. Das gilt geschichtlich vom Briefschreiben bis zum Kriegführen, und von der Lyrik bis zum Coitus und zur Gastronomie. Es belastet jeden Versuch, der den Wert des Kunstwerks ästhetisch, in sich, formal, am augenblicklichen Erlebnis bestimmen will. Auch darf man der häufig zu hörenden Meinung nicht glauben, daß das Begriffliche, Intellektuelle ein später Sündenfall der Kunst und das Formale, Sinnliche ihr Paradieseszustand sei; im Gegenteil, das Formale ist verhältnismäßig spät, und alle naive Kunst wie die der Kinder und Wilden hat einen bemerkenswerten Hang zur Darstellung des Gewußten und Gedachten statt des Wahrgenommenen; sie geht »aufs Ganze«. Wie immer dem aber auch sein möge, kommt bei einem Entrückungsvorgang, wie ihn das Erlebnis der Kunst darstellt, der Rückübersetzung, der Berührungsfläche mit dem Normalzustand und dem Übergang in diesen mindestens das gleiche Interesse zu wie dem aktuellen Erlebnis selbst.

IX

Dieser Standpunkt bildet natürlich den extremsten Gegensatz dazu, daß der ästhetische Vorgang als ein unmittelbares Erlebnis betrachtet wird, und darf gewiß nicht mehr als die Geltung eines anderen Gesichtspunktes beanspruchen. Man kann im Gegensatz zu ihm noch weiter gehn und behaupten, daß jedes Kunstwerk nicht nur ein unmittelbares, sondern geradezu ein niemals gänzlich wiederholbares, nicht fixierbares, individuelles, ja anarchisches Erlebnis darbietet. Seine Einmaligkeit und Augenblicklichkeit nimmt es von allem bisher Gesagten aus, es hat überhaupt keine Tendenz, zur Erfahrung zu werden, es erstreckt sich in einer anderen Dimension. Der Tanzende oder Hörende, der sich an den Augenblick der Musik hingibt, der Schauende, der Ergriffene ist aus allem Vorher und Nachher gelöst; er befindet sich in einem andern Verhältnis zu seinem Erlebnis, er nimmt es nicht in sich auf, sondern geht in ihm auf, und gerade dieses andre Verhalten wird oft mit ausschließender Betonung »erleben« genannt.

Es sei nun der Versuch gemacht, nach beiden Seiten gegen das Ende zu gehn.

Als Ausgangspunkt diene jener für ordnungsgemäß geltende mittlere, gewöhnliche Zustand, zu dessen wichtigsten Eigentümlichkeiten es gehört, daß wir Erfahrungen erwerben. Es ist schon gesagt worden, daß zwischen der Erfahrung, die man macht, und den Begriffen, mit deren Hilfe man sie macht, dabei ein eigentümliches labiles Verhältnis besteht; jede neue Erfahrung sprengt die Formel der bisher erworbenen, wird aber zugleich in ihrem Sinn gemacht. Das gilt für die Ethik genau so wie für die Physik oder Psychologie. Was wir unser geistiges Sein nennen, befindet sich unausgesetzt in diesem Vorgang der Ausdehnung und Zusammenziehung. In ihm hat die Kunst die Aufgabe unaufhörlicher Umformung und Erneuerung des Bildes der Welt und des Verhaltens in ihr, indem sie durch ihre Erlebnisse die Formel der Erfahrung sprengt; Musik macht dies mehr dispositionell, am aggressivsten und direktesten macht es die Literatur, weil sie unmittelbar mit dem Material der Formulierung selbst arbeitet. Mag die Kunst auch im allgemeinen einen Zustand fordern, in dem wir weniger Erfahrung als Erlebnis haben, die Aufgabe des Erlebnisses ist unter diesem Gesichtspunkt doch nur die einer Kraftquelle, deren Inhalt von ihr fortfließt. Die Klagen über die

Intellektualisierung in der Kunst, welche sich vor allem gegen die Literatur richten, haben insofern damit recht, als diese von allen Künsten dem Denken am nächsten steht und das abstrakte Denken seinem Wesen nach eine formelhafte Verkürzung ist; jeder Begriff bedeutet das, und je allgemeiner die Begriffe sind, desto leerer sind sie von besonderem Inhalt. Dies ist die Entleerung des Lebens durch das Denken, über welche Klage geführt wird. Es zeigt sich aber, daß die Entleerung nicht nur vom Denken gilt, sondern auch vom Fühlen, und man kann ganz analog den Kitsch sowohl wie die moralische Engstirnigkeit als eine formelhafte Verkürzung des Gefühls bezeichnen. Gegen diese Formelhaftigkeit gerichtet ist der Heilige wie der Künstler, der Forscher oder der Gesetzgeber und sie sollten einander nicht entwerten, sondern ihre Anstrengungen vereinen.

Mit diesem Gegensatz des Einzelerlebnisses zur Formel seiner Gruppe ist jedoch durchaus noch nicht jene andere Dimension erledigt, die ihm an sich, ohne Wunsch, Erfahrung zu werden, als reine Zuständlichkeit zukommt. Da ist nicht mehr der Unterschied im Spiel zwischen begrifflicher und ohne Begriffe gemachter Erfahrung (Affektspuren, Gewöhnen, Imitation), die ja beide Erfahrung werden, sondern es handelt sich, wie dies vorhin ausgesprochen wurde, um ein anderes Verhältnis des Erlebenden zum Erlebnis, dessen Inhalt sich nicht zu ändern braucht, aber gewissermaßen ein Lagezeichen, einen Vektor, eine andere Richtung erhält. Nun braucht gewiß nicht eigens beschrieben zu werden, wodurch sich das zuständliche Verhalten, denn so kann man es nennen, von jedem anderen unterscheidet, das eine Fortsetzung außer sich selbst hat; wenn ihm aber vorhin auf der Suche nach Ausdruck eine andere Dimension zugeschrieben worden ist, so erscheint es nun richtiger zu sagen, daß es eigentlich dimensionslos ist. Denn streng genommen, ist jede reine Zuständlichkeit ohne allen Zusammenhang mit anderen; gewinnt sie ihn aber, so ordnet sie sich den bewußten Erfahrungen ein oder sie verknüpft sich durch Bahnung mit dem übrigen Ich, mit einem Wort, sie verliert gerade den Charakter, auf den es ankommt. Das ist natürlich nur eine abstrakte Fiktion, aber praktisch entspricht ihr, daß wir die Erlebnisse gehobener Zuständlichkeit als Vergnügen, Erholung, Ausspannung, Entrückung, mit einem Wort nur als Unterbrechung gebrauchen. Wie merkwürdig wird dadurch, daß wir dennoch die Tendenz haben, sie als Bruchstücke einer andern

Totalität zu bewerten, als Elemente eines Erlebens, das sich in einer andern Dimension erstreckt als das der Erfahrung und ihnen seine Richtung leiht; denn dies setzen alle Versuche voraus, die eine andere Innerlichkeit, eine Welt ohne Worte, eine unbegriffliche Kultur und Seele als erreichbar hinstellen. Es ist dies eine Analogie, welche die Gedanken darauf lenkt, daß auch in der Ethik ein feindlicher Unterschied zwischen den schöpferischen Quellen und ihrer moralischen Normierung besteht (zum Beispiel der Verbrecher als guter Mensch in der Literatur nach Dostojewskij), und ein ähnlicher bestand immer zwischen dem religiösen Erlebnis und der Rechtgläubigkeit. Es gibt in der Tat, soweit ich das zu überblicken vermag, nur einen Zustand, der die erhobenen Forderungen und die aus ihnen abgeleiteten Konsequenzen zu befriedigen vermöchte, und das ist jener »andere Zustand« jenseits jener »Grenze zweier Welten«, von der die Rede war.

Wer sich mit seinen Erscheinungen befaßt hat, weiß, daß ihm das Wort Erfahrung fremd ist. Läßt man, wie es sich hier gebührt, jede mystische Auslegung beiseite, so wird man allerdings kaum behaupten können, daß es darin Erfahrung überhaupt nicht gebe, denn dies würde schon physiologischen Vorstellungen widersprechen, dagegen kann man wohl sagen, daß in diesem Zustand Erfahrung als etwas Wesensfremdes und Feindliches empfunden wird; ursächliche und zweckmäßige Verknüpfung der Erlebnisse bauen ihn nicht auf, sondern zerstören ihn. (Beispiel: der flüchtigste profane Gedanke zerstört augenblicklich die Kontemplation.) Gleichzeitig kennzeichnet ihn eine einzigartige Erregtheit durch das Leben. Der gewöhnliche Affekt oder die gewöhnliche Aktualität erlebter Zustände erscheinen im Vergleich mit ihr als etwas Peripheres, was nicht ans Innere reicht; die Empfindungen weisen nicht auf Dinge außerhalb des Ichs, sondern bedeuten innere Zustände; die Welt wird nicht als ein Zusammenhang dinglicher Beziehungen erlebt, sondern als eine Folge ichhafter Erlebnisse. Der Vektor, der Richtungsanzeiger, von dem vorhin die Rede war, hat sich umgekehrt und ist nach innen gerichtet. Man braucht, um sich eine Vorstellung davon zu verschaffen, nicht einmal die mystische Literatur zu bemühn, denn fast jeder Mensch erlebt das irgendwann als »Liebesglut« (zum Unterschied von der Liebes»flamme« des Begehrens), wenn er es auch später für eine vorübergehende Anomalie hält. Nimmt man die

Kunst zum Vergleich, so muß man die tiefere künstlerische Erregung ganz ähnlich kennzeichnen; so oft ein Gegenstand aus der Sphäre weltlicher Betrachtung in die des schöpferischen Verhaltens tritt, verändert er sich, ohne sich zu verändern, und man kann scheinbar auch nicht sagen, daß er das Gefühl verändere, sondern das Gefühl verändert ihn; den Unterschied kann man besonders deutlich an Kunstgattungen sehen, die beide Verhaltungsweisen vereinen, wie zum Beispiel der Roman.*

So weist das zweite Extrem möglicher Auffassung der Kunst in die Richtung des »andern« Zustands, und es enthält ihre Bewertung als reine Aktualität und Erregung eine über die sinnlich-gefühlhafte Improvisation hinausweisende Komponente, die allem Anschein nach ihm angehört. Bekanntlich ist dieser Zustand, außer in krankhafter Form, niemals von Dauer; ein hypothetischer Grenzfall, dem man sich annähert, um immer wieder in den Normalzustand zurückzufallen, und eben dies unterscheidet die Kunst von der Mystik, daß sie den Anschluß an das gewöhnliche Verhalten nie ganz verliert, sie erscheint dann als ein unselbständiger Zustand, als eine Brücke, die vom festen Boden sich so wegwölbt, als besäß sie im Imaginären ein Widerlager.

* Aus solchen Gründen erscheint es mir nicht als aussichtslos, für das, was hier als »anderer Zustand« beschrieben wurde, eine psychologische Erklärung zu suchen, welche die bisher der Mystik vorbehaltene Erlebensweise als eine normale, normalerweise bloß verdeckte erkennen ließe. Und wenn dies geschehen, würde auch der in Kunstbetrachtungen so sehr mißbrauchte Begriff der Intuition – der hier bloß vermieden worden ist, aber stets hinter den Kulissen stak – aus seinem Zwielicht hervorgeholt werden.

Andor Kraszna-Krausz
Béla Balácz: Der sichtbare Mensch
Eine Filmdramaturgie*

[1926]

Von Wiederauflagen Rezensionen zu schreiben, bleibt immer eine Arbeit, an die man mit nicht ungemischten Gefühlen herangeht. Das nochmalige Durchlesen des Buches ist ein Rigorosum, wobei die Werkqualitäten den schüchternen Kandidat, den voreingenommenen Prüfer aber die Oppositionsgelüste des Lesers gegen bereits anläßlich der ersten Erscheinung bekannt gewordenen Kritiken repräsentieren. Im vorliegenden Falle muß man noch gleich dazu bemerken, daß das ursprüngliche Erscheinen des Balázs'schen Bandes von Tromsö bis Gibraltar einen internationalen Presseerfolg hatte, der nicht nur an ästhetisch-philosophischen Versuchen, sondern auch an populär-belletristischen Gebieten gemessen eine auffallende Seltenheit ist. Und endlich: es handelt sich um filmtheoretische Überlegungen von etwa drei Jahren her; wir aber wissen, was drei Jahre für die bisherige kinematographische Geschichte bedeuten.

Nun: – es kommt alles anders. Nach zwei Dutzend Zeilen ist man entwaffnet, in den Bann eines vertraulich subjektiven, charmant könnenden, keinen Satz lang leerlaufenden Stils gezaubert und hört zu, wie einem sehr guten Freund, der »per Du« erzählt durch einen ganzen Abend. Das sind 170 Seiten. Man hört von Dingen und Gedanken, von denen derselbe Freund bereits vor Jahren mal schon gesprochen hat und die sich seitdem auch in unserer ganzen Umgebung herumgesprochen haben. Man hat sie sogar inzwischen mit solchen auch von anderen vermischt, variiert, so daß keiner mehr wußte, was von ihm ist und was nicht – bis er sie jetzt noch einmal sachlich klarlegt, selbst. Und man staunt ob der sicheren Wahrheit seiner Meinungen, die nach so vieler Zeit kaum irgendeiner Korrektion und auch nicht vieler Ergänzungen bedürfen. Die sogar dort, wo sie in zukünftiger Form gehalten waren, sich seitdem schon folgsam verwirklichten.

Den Einwändern, die hierzu der Ansicht sind, derzufolge in

* II. Auflage. Verlag Wilhelm Knapp, Halle-Saale)

jener Zeit jedoch auch verschiedene Leute bereits Ähnliches wie Balázs in ihren Köpfen mitgetragen oder auch in familiären Salons bedebattiert haben, sei erwidert: am wichtigsten ist, daß dieses Buch damals *geschrieben* worden ist und zwar von einem in literarischen Kreisen immerhin nicht ganz Unbekannten, »Der sichtbare Mensch« wird darum einst eines der wertvollsten Dokumente der Filmhistorie werden.

Dazu prädestiniert ihn, die ihm zugrunde liegende, auch in den Buchtitel geschriebene Idee über die Auferstehung der vom Buchdruck verbannten, vom Film erlösten *visuellen Kultur*. Eine These, die das heutige Lichtspiel mit all seinen Fehlern, Tugenden, Befürchtungen und Hoffnungen zu verstehen hilft, weiterzuschaffen lehrt. Theoretisch und praktisch. Zwangslos, aber nicht ohne System. Den Grundstein einer Dramaturgie legend, wenn auch nicht eines kinematographischen Kochbuches.

Jeder – dem nur an dem Film etwas liegt – sollte sich diesen Band holen. Und der ihn schon hat, ihn noch einmal lesen. Wie auch der Schreiber dieses es zum dritten Mal tun wird.

Siegfried Kracauer
Bücher vom Film

[1927]

Es gibt noch nicht einmal die ästhetische Theorie des Films, die es geben könnte. Da der Film gewissen allgemeinen Bedingungen untersteht – er beschränkt sich auf die Abbildung der sichtbaren Welt und hat ein technisches Verfahren zur Voraussetzung, aus dem seine Grenzen und Freiheiten abzuleiten sind – werden sich auch gewisse Rahmenerkenntnisse über ihn finden lassen. Ferner: der Film ist das Produkt der Gegenwart; also wird er den ihm eigentümlichen Gehalten nach auf die Gegenwart als auf seinen geschichtlichen Ort bezogen sein. (Nicht jeder Gehalt ist in jeder Kunstart zu jeder Zeit anzutreffen – die idealistische Ästhetik ist historisch blind.) Sobald die ästhetische Theorie sich freilich der Betrachtung seiner historisch bedingten Gehalte zuwendet, d. h. sobald sie zur materialen Ästhetik wird, verliert sie die Allgemeinheit jener Rahmenerkenntnisse und bleibt notwendig ein Fragment. Denn die wie immer geartete Durchdringung zwischenschichtlicher Gebilde führt grundsätzlich nicht zum abschlußhaften System, sondern mündet in den Aufweis einzelner Züge ein, deren Zusammenhang dahinsteht, ohne daß er geleugnet werden dürfte. Doch auch dieser mögliche Aufweis ist noch nicht gelungen.

Béla Balázs hat in seinem Buch: »Der sichtbare Mensch« (Wilhelm Knapp, Halle, 167 Seiten. Geb. *M* 4.80) den Versuch einer Film-Dramaturgie unternommen. Er besitzt auf dem Sondergebiet des Films einen sicheren Instinkt, der durch Erfahrung verfeinert und erhellt ist. So gelangt er zu einer Reihe innerästhetischer Formulierungen, die kein zukünftiger Filmästhetiker wird übersehen können.

Aus der Grundtatsache, daß der Film die stumme Welt gegenwärtig macht, zieht Balázs wichtige Folgerungen für seine besondere Kompositionsweise und seinen besonderen Gegenstand. In kompositorischer Hinsicht ist ihm entscheidend die *visuelle Kontinuität*, die von der etwa im Wortkunstwerk geforderten Kontinuität peinlich geschieden wird. (Treffend ist nachgewiesen, daß die treue Übersetzung eines literarischen Werks in die Bildsprache des Films schlechte Illustrationen liefert.) Wie kann die Stetigkeit erzielt werden, die aus der Mannigfaltigkeit der optischen Elemente ein Ganzes formt? Durch die Innehaltung einer einheitlichen »Zeitperspektive«, durch die Herstellung bestimmter Beziehungen zwischen Details und Gesamtbildern, durch den richtigen Ansatz der *Großaufnahmen* usw. Der Geschmack, der sich in diesen und anderen kleinen Analysen bewährt, findet so glückliche Prägungen wie die von der Polyphonie des Mienenspiels und erhebt sich zu der schlagenden Bemerkung, daß in einer Filmszene nur die Bewegtheit ihrer Atome das Tempo hervorzubringen vermöge. Angedeutet wenigstens ist auch das schwierige Verhältnis zwischen der Begleitmusik und den Bildern; und nicht zu Unrecht fällt die Äußerung, es passe nahezu jede Musik zu jeder Szene.

Die Untersuchung der Formstrukturen wird durch die der Gegenständlichkeit ergänzt, die im Film sich darbietet. Da die Menschen auf der Leinwand stumme Wesen sind – die eigene Bedeutung der Sprachgebärden im Film ist übrigens genau erkannt – erhalten die *Dinge* wie nirgends sonst eine Zunge. Zum erstenmal vielleicht reden sie. Der Film holt das »kleine Leben« der Dingteile herauf und bezieht es in die Welt der Symbole ein. Er eröffnet auch die Region des Traums, dessen Substanz die seine ist, und vergegenwärtigt wie keine andere Kunstart das Dasein der Masse.

Die Kollektion dieser Erfahrungen ist unter allen Umständen wertvoll. Fragwürdig wird die Schrift dort, wo sie die Empirie durch die Beischaffung *weltanschaulicher* Fundamente stützen zu sollen glaubt. Seine Verkennung der Sprache – »menschliche Kultur wäre ohne Sprache denkbar« – verleitet Balázs bei der Gegenüberstellung von Film- und Wortkunst zu schlimmen Entgleisungen, die ebenso wie die einseitige Zuordnung des Films zur Lyrik das Zeichen mangelnden Überblicks sind. Den problematischen Untergrund enthüllen vor allem die Erwartungen, die Balázs an die Filmkunst knüpft. Er verspricht sich von ihr eine *neue Sichtbarkeit* des leiblichen Menschen und damit den Beginn einer konkreten Lebensgestaltung. Aber sein Argument, daß die kapitalistische Gesellschaft, die seinerzeit in ihrem Schoß die Arbeiterbewegung gezeugt habe, so auch heute wieder in dem Film ein Mittel zu ihrer eigenen Umwälzung produziere, ist trotz des dialektischen Klangs wenig stichhaltig. Gerade als stumme

Kunst ist die des Films kaum zur Einleitung von Veränderungen fähig, die niemals von der Kunst ausgehen und des Worts am allerwenigsten entraten können. Die neue Sichtbarkeit des Menschen, die der Film veranschaulicht, ist so durchaus das Gegenteil einer Wendung zu echter Konkretheit, daß sie vielmehr die schlechte Rationalität des kapitalistischen Denkens nur bestätigt und bei ihr festhält. Allein aus der Erkenntnis, die in der Sprache sich vollzieht, kommt der radikale Umschwung.

Unhöflichkeiten gegen das Werk: »*Philosophie des Films*« von Rudolf Harms (Felix Meiner, Leipzig, VIII. 192 Seiten, Geb. *M* 10) sind darum überflüssig, weil der Verfasser in dem Vorwort selber bekennt, daß er niemandem eine bestimmte Meinung aufzwingen wolle. Er zwingt sie nicht auf, weil sie ihm nur in verschwindendem Maße eignet. Dafür verfügt er über einen großen Zitatenschatz aus der Volkeltschen Aesthetik und weniger bekannten Grundwerken. Die Ausbreitung dieser Habe, unter die sich noch die bescheidenen Bestände des eigenen Vorrats mengen, verhilft zu einer Summe von Kapiteln, die allenfalls als Materialsammlung einen gewissen Wert besitzen. Man hört über die Geschichte des Films, über den Hergang der Verfilmung, über technische Details: an sich nicht unwichtige Dinge, die eben nur nicht unter dem Titel: »Philosophie des Films« und teilweise im Rohzustand vorgebracht werden sollten. Für die ästhetischen Beobachtungen ist eigentlich Béla Balázs verantwortlich zu machen, der von dem Verfasser immer wieder angeführt wird. Hervorgehoben ist die Wirklichkeitsferne des Films, und daß er Bewegung sei. Hübsch die Bemerkung, daß der Film die Möglichkeit biete, Tiere und Menschen ohne ihr Wissen aufzunehmen. Die allgemeinen Erkenntnisse, die nach Zusammenfassung und Grundierung streben, sind, gelinde gesagt, dürftig. Mit dem Nachweis, daß der Film im Zeichen der Symbolisierung, Typisierung und Stilisierung stehe, ist wenig getan, und die Darlegungen über das Tragische im Film sind unorientiert. Auch wird kaum eine der wichtigen Folgerungen gezogen, die sich aus der Zugehörigkeit des Films zur Gegenwart für seine Gehalte ergeben. Im ganzen ermangelt das Buch der Originalität.

Curt Morecks: »*Sittengeschichte des Kinos*« (Paul Aretz, Dresden, 283 Seiten, Geb. *M* 18) ist ein beleibtes Werk in stattlicher Aufmachung. Kulturelles Geplausch umrieselt leise manche interessanten Daten und Zusammenstellungen. Es wird eine Analyse des »Kinomenschen« geboten, die mehr oder weniger richtig ist, es werden die Zensurbestimmungen der verschiedenen Länder erörtert, es werden alle gesellschaftlichen Erscheinungen darzustellen gesucht, die das Kino gezeitigt hat und in die es einbezogen ist. Beschreibungen charakteristischer Filme dienen als Beleg der gefälligen Sittenschildereien. Auch die Bedeutung des Films auf pornographischem und kriminellem Gebiet kommt zu ihrem Recht. Der Text ist ein wenig ein Sammelsurium und in der Absicht gehörigen Umfangs an einigen Stellen allzu spürbar mit Weitschweifigkeiten auswattiert. Zu Dank verpflichten die ausgezeichneten *Bildtafeln* (über hundert an der Zahl), in denen ausgewählte Szenenbilder wiedergegeben sind und beliebte Filmstars mit und ohne Kostüm anmutig posieren.

Als Heft 15 der Schriftenreihe des Verbandes der deutschen Volksbühnenvereine ist eine Broschüre: »*Wege zu neuer Filmkultur*« von S. Nestriepke erschienen (Berlin, Volksbühnen-Verlags- und Vertriebs-G. m. b. H. 19 Seiten). Der Verfasser hat sich ein rein praktisches Ziel gesteckt: die Möglichkeiten zu prüfen, die sich öffentlichen oder privaten Stellen zur Beeinflussung des Filmwesens bieten. Vorausgesetzt ist, daß die Produktion nicht länger sich selber überlassen werden darf. Soll man also die Produktion in eigene Regie nehmen? Die Aussichten sind erfahrungsgemäß gering. Ebenso wenig empfehlen sich Sondervorführungen ausgewählter Filme. Der Verfasser gelangt zu dem Ergebnis, daß der Aufbau von *Filmgemeinden mit Besuchsverpflichtung* noch am ehesten zur Verbreitung guter Filme beitragen könne. Die Gemeinden seien in erster Linie von den *Volksbühnenvereinen* zu bilden, mit denen die großen Organisationen der Arbeiter, Angestellten und Beamten zusammenwirken mögen. Zum Schlusse wird die Programmgestaltung erörtert und eine Liste brauchbarer Spielfilme unterbreitet. – Die Broschüre enthält vernünftige Ansichten, die von der praktischen Erfahrung Nestriepkes zeugen. Sein Vorschlag, Filmgemeinden zu gründen, ist freilich problematisch und bedürfte einer eingehenden Diskussion, die nicht zuletzt die verschiedene gesellschaftliche Struktur von Film- und Theaterdarbietungen zu berühren hätte.

»Die Gattungen des Dramas sind:
Das Trauerspiel (Tragödie),
das Lustspiel (Komödie),
und das Schauspiel im engeren Sinne.«

»Nächst der Liebe im allgemeinen und der Sinnlichkeit im engeren Sinne ist es der Humor, der die starken Wirkungen zeitigt.«

»Begeben wir uns nunmehr fort vom Gebiet des Humors, so kommt als drittes Mittel zur Erzeugung starker Wirkungen die Rührung... Haben wir über die Sinnlichkeit Goethe zitiert, so wollen wir uns über dieses Kapitel zu dem großen Idealisten Schiller wenden.«

Diese Proben sind dem Buch: *»Das Film-Manuskript«* von *Richard Ott* entnommen (Max Mattisson, Berlin, 148 Seiten. Geb. *M* 5). Sie werden zur Kennzeichnung dieser Sorte von Dramaturgie genügen. Bedürfte es noch der Beweise für die Instinktverlassenheit des Verfassers, so wären sie durch Behauptungen wie diese vollauf erbracht: »Gewiß ist, daß Opern wie Lohengrin oder Tannhäuser herrliche Filmstoffe bergen...« und »... was der größte Dichter mit Worten auszudrücken imstande ist, das wird die kombinierte Filmkunst (Baumeister, Photograph und Regisseur) irgendwie auf die Leinwand zaubern können«. Dem Buch, in dem sich solche Verkehrtheiten mit Banalitäten undurchdringlich mischen, sind einige nicht immer stichhaltige Analysen von guten und schlechten Manuskripten beigegeben. Der Vollständigkeit halber sei erwähnt, daß sich in dem unzulänglichen Rahmen auch kleine Artikel über Sonderfragen von Dr. Otto Böhm, A. Kossowsky, Richard Hutter und anderen Autoren finden.

Erich Kästner
Ästhetik des Films

[1928]

Das Kino ist jetzt dreißig Jahre alt. Und wer Filme aus den Jahren des ersten Anfangs heute zu sehen bekommt, der wird überrascht sein, welch rapide Entwicklung sich in einem Vierteljahrhundert vollzogen hat. Diese Entwicklung ging ohne kunsttheoretische Vorgänge vonstatten. Sie vollzog sich unter dem Einflusse technischer Fortschritte und rein persönlicher Leistungen; sie ist den Erfindern, Regisseuren und Schauspielern zu verdanken.

Erst jetzt, nachdem sich der Film als Sphäre kaum zählbarer Möglichkeiten erwies, und nachdem die verschiedenartigsten Versuche zu den verschiedensten Wegen und Abwegen führten, begannen Kritiker, Kunsttheoretiker und andere Fachleute: den Film als ästhetisches Objekt zu betrachten und seine Eigenarten zu erörtern. – Die bedeutsamste Erkenntnis, welche die gedankliche Grundlage hierfür hergibt, ist die, daß der Film eine unverwischbare eigenwillige Kunst- und Unterhaltungsgattung darstellt und, gleichberechtigt, neben Theater, Malerei, Dichtkunst, Musik gehört. Wer dies erkannt hat und beweisen kann, muß notwendig darum bemüht sein, festzustellen, welche Mittel der Darstellung, der Handlung, der Wirkung dem Film gemäß und nützlich sind, und welche nicht.

Der Film ist eine Kunst der Fläche, der Schwarzweiß-Kontraste, der Bewegung, der Wortlosigkeit. Diese Eigenschaften schließen gewisse Möglichkeiten aus und bedeuten doch wieder Vorzüge, deren Berücksichtigung und Registratur notwendig ist.

Rudolf Harms schrieb eine »Philosophie des Films« (Leipzig, Felix Meiner, Lw. 10,-). Das Buch ist äußerst sachlich und instruktiv abgefaßt; bringt mehr, als der Titel ankündigt; macht mit dem Gebiet in jeder Beziehung bekannt, auch in technischer und historischer Beziehung; und es leitet ästhetische und ethische Folgerungen und Forderungen erst, dem Leser sichtbar, aus diesen Voraussetzungen ab. Harms hat auch die über den Film bereits existierende verstreute Literatur berücksichtigt und macht mit den verschiedensten Meinungen vertraut, ehe er daran geht, Urteile abzugeben und Überblicke zu organisieren, die vorläufig abschließenden Charakter tragen. Unter jenen Broschüren und Büchern, auf die er zurückgreift, taucht am häufigsten und als wesentlichstes Werk immer wieder das Buch eines als Schriftsteller und Filmautor erfolgreich hervorgetretenen Kenners und Künstlers auf: »Der sichtbare Mensch« von Béla Balázs (Halle, Knapp, gebd. 4,80). Balázs' Buch gehört zu den interessantesten essayartigen Büchern der letzten Jahre. Der Autor lebte jahrelang in Wien als Filmkritiker, sah hunderte von Filmen und lernte an ihren Fehlern und Vorzügen; er ging dann nach Berlin, wo er jetzt, als einer der angesehensten Film-Manuskribenten, seine Erfahrungen in die Praxis umsetzt. In ungewöhnlich glücklicher Mischung vereint er in sich die Fähigkeiten des Kritikers mit denen des Dichters, und diese rare Doppelbegabung wirkt sich nicht nur in seinen Filmen, sondern auch in seiner Filmdramaturgie »Der sichtbare Mensch« aus. Alle Fragen dieser neuen Kunstgattung schneidet er an, und alle löst er auf einfachste und sinnreichste Art. Tempo, Schönheit, Physiognomie, Zeitbegriff, Natürlichkeit, Symbolik, Lyrik des Films, Handlungsverknüpfung – die wichtigen Probleme werden ohne Ausnahme erwogen; Balázs' Denktechnik führt dazu, daß er nicht nur den Film durch Vergleiche mit andern Künsten, sondern auch die anderen Künste durch Vergleiche mit dem Film scharf umreißt und orientiert. Wer diese Dramaturgie noch nicht las, hat – wenn er nur halbwegs kunsttheoretische Gedankengänge und deren bildhaften Vortrag liebt – fraglos etwas nachzuholen.

Nachweise

Kästner, Erich: *Ästhetik des Films.* In: *Das Deutsche Buch*, Heft 3-4, März/April 1928, S. 114-115. Nachdruck in: Zonneveld, Johan: *Erich Kästner als Rezensent 1923-1933*, Frankfurt am Main u.a.: Peter Lang 1991, S. 223-224

Kracauer, Siegfried: *Bücher vom Film.* In: *Frankfurter Zeitung*, Nr. 505, 10.7.1927

Kraszna-Krausz, Andor (A. K.): *Béla Balázs: Der sichtbare Mensch. Eine Filmdramaturgie.* In: *Filmtechnik* (Halle), Nr. 21, 16. 10. 1926, S. 425-426.

Musil, Robert: *Ansätze zu neuer Ästhetik. Bemerkungen über eine Dramaturgie des Films.* In: *Der Neue Merkur* (Stuttgart/Berlin), März 1925, S. 488-506. Nachdruck in: Robert Musil, *Gesammelte Werke. Band 8: Essays und Reden*, hrsg. von Adolf Frisé, Reinbek bei Hamburg: Rowohlt 1978, S. 1137-1154